Gooool do Brasil
Kartografie einer nationalen Leidenschaft

Alois Gstöttner

CLUB BELLEVUE

Texte, Fotos und Buchgestaltung
Alois Gstöttner, *www.alois-gstoettner.at*

Verlag
Club Bellevue, *www.club-bellevue.com/gooool-do-brasil*
Tannengasse 15, A 1150 Wien

© 2014 Club Bellevue

Lektorat: Stefanie Barthold, *www.fraubarthold.de*
Lithografie: Pixelstorm Litho & Digital Imaging, *www.pixelstorm.at*
Druck: Gutenberg-Werbering / Linz, *www.gutenberg.at*

1. Auflage, 2014

ISBN 978-3-200-03492-1

Der Journalist, Autor und Fotograf **Alois Gstöttner**, Jahrgang 1975, lebt seit mehreren Jahren zwischen São Paulo, Rio de Janeiro und Wien. »Aluízio« entdeckte seine Liebe zu Futebol während der Weltmeisterschaft in Spanien, im Sommer 1982. Mehr als zwei Jahrzehnte später reiste er zum ersten Mal nach Brasilien. Sein erster Interviewpartner für *Gooool do Brasil – Kartografie einer nationalen Leidenschaft*: Sócrates, Kapitän der Seleção von 1982.

I
EINLEITUNG
— 8

IV
STATIONEN EINER
NATIONALEN LEIDENSCHAFT
— 38

II
IM NORDOSTEN VON
BRASILIEN
— 12

V
IM AKTIVEN ABSEITS:
FUTEBOL AN DEN GRENZEN
— 68

III
REALITÄT, SPIELZÜGE UND
DIE SHOW DES BALLES
— 24

VI
AM KLEINEN FLUSS
IN SÃO PAULO
— 92

VII
KEIN TEAM MIT EINER TORCIDA, EINE TORCIDA MIT EINEM TEAM
— *104*

VIII
ITALOPHILE GEGENWART: JUVENTUS
— *148*

IX
IM GEFÄNGNIS VON GUARULHOS
— *164*

A
ANMERKUNGEN
— *140*

B
SPIELPLAN
— *158*

»Wenn ich spiele, bin ich frei.«
— Paulinho, Gefängnis Guarulhos, 2013

I

EINLEITUNG

Nach einem kurzen »Oi. Tudo bem?« stellt mir Seu Miguel, mein wortgewaltiger und zugleich ortskundiger Taxifahrer in São Paulo, die zentrale Frage: »Qual é o seu time?«, die Frage nach meinem Team. »Taxifahrer« trifft es nicht ganz genau: Seu Miguel ist Besitzer eines eigenen Autos und berechnet für seine Dienste ein reduziertes Entgelt. Von einer Konzession oder ähnlichem bürokratischen Papierkram war niemals die Rede. »Corinthians São Paulo«, lautet meine mutige Antwort. Seine Reaktion gleicht dem respektvollen Nicken eines französischen Weinkenners, der es zu würdigen weiß, wenn jemand den Unterschied zwischen einem Riesling und einem Chardonnay wahrnimmt. Eine anerkennende Geste, gerichtet an einen europäischen Burschen, der offenbar ein heimlicher Liebhaber von Futebol ist.

Für mich ist diese Begegnung die Eintrittskarte in das Land Brasilien, ein Zeichen der sozialen Integration, unabhängig von geografischer Herkunft, ethnischem Hintergrund oder sozialer Klasse.

Der Schweizer Schriftsteller und Architekt Max Frisch schreibt in seinem Roman *Mein Name sei Gantenbein*: »Jedermann erfindet sich früher oder später eine Geschichte, die er für sein Leben hält.« Ich empfinde es während meiner Zeit in Brasilien sehr ähnlich. Nur erfinde ich diese Geschichte nicht, ich setze sie aus meinen Erlebnissen zusammen. Ich finde so meine Version, meine Realität von Futebol. Es sind Geschichten voller Hoffnung und Verzweiflung, Geschichten über Dramen, Spektakel und Tragödien, über Liebe und Hass, Pathos und Leidenschaft.

Die Protagonisten auf dieser Entdeckungsreise sind der intelligente Sócrates, der charismatische Schiedsrichter Dourado, der höfliche Obdachlose Marco, die zynische Aktivistin Regina und viele andere mehr.

Eine chronologische Montage der glorreichen Momente in der Geschichte von Futebol do Brasil ist für dieses Buch nicht relevant. Wer auf der Suche nach den 1284 Toren des dreifachen Weltmeisters Pelé ist, wird sie hier nicht finden. Weder der »Trilogie der Künste« – den Titeln von 1958 in Schweden, 1962 in Chile und 1970 in der drückenden Mittagshitze von Mexiko – wird ein Denkmal gebaut noch dem unendlich oft rezipierten und medial verklärten Maracanaço, der Tragödie des verlorenen Endspiels gegen das kleine Nachbarland Uruguay im Jahr 1950.

Meine Vermessung der Liegenschaft Futebol reicht von der japanischen Hafenstadt Kobe bis in die Favelas von Rio de Janeiro, von den 506 Schönheitsköniginnen im Herzen des Amazonas-Regenwaldes bis in das nordöstliche Recife, von der Universität Southampton bis ins pulsierende Zentrum von São Paulo. Für eine Bildstrecke, die im »Bonusteil« dieses Buches zu finden ist, besuchte ich am vorletzten Tag meiner bislang letzten Brasilien-Reise das Gefängnis in Guarulhos.

Gooool do Brasil ist ein Baukasten voller Charaktere, Begegnungen, Orte, Geschichten und Bilder, die eine Landkarte der kulturellen, sozialen und gesellschaftlichen Aspekte entstehen lassen. Eine kleine Kartografie von Futebol, ein alternativer Atlas dieses grandiosen Spiels. Die Welten, in denen ich mich bewegte, sind nur einige von vielen. Und Schauplatz dieser Welten ist Brasilien.

Alois Gstöttner, Januar 2014

»What may seem ordinary and familiar to the people who live there can be surprising to those who do not.« — BBC

III

REALITÄT, SPIELZÜGE UND DIE SHOW DES BALLES

/

Der englische Geheimagent James Bond war 1979 in Rio de Janeiro auf Dienstreise und die Familie Simpson bereiste 2002 die Stadt an der Guanabara-Bucht. In der Episode *Blame it on Lisa* wird Rio als Dschungel voller Affen, Kidnapper und halb nackter Macarena-Tänzerinnen gezeichnet. Die Folgen der Ausstrahlung waren nationale Aufregung und Angst vor einbrechenden Touristenzahlen. Auch die Politik mokierte sich über »die verzerrte Sicht der brasilianischen Realität«. Doh!

Zehn Jahre nach dieser Episode präpariert sich die zweitgrößte Stadt Brasiliens für die Weltmeisterschaft 2014 und die Olympischen Sommerspiele 2016. Im Oktober 2009 entschied das Internationale Olympische Komitee in Kopenhagen, dass Rio de Janeiro Austragungsort der Spiele im Jahr 2016 sein wird. Die Stadt am Zuckerhut setzte sich gegen die drei Mitbewerber Chicago, Madrid und Tokio durch und wird somit der erste Veranstalter aus Südamerika sein.

Die Darstellung der »brasilianischen Realität« ist Teil dieser zwei Megaevents, die die »Marke Brasilien« als aufstrebende und fortschrittliche moderne Nation positionieren und präsentieren sollen. Neben wirtschaftlichen Impulsen und Wachstum, mehr Tourismus, mehr Arbeitsplätzen und mehr Investitionen verspricht man sich eine Aufwertung des Images von Brasilien, das noch immer häufig mit Armut, Korruption und hohen Kriminalitätsraten in Verbindung gebracht wird.

»Niemand kann sich unserem Charme entziehen«, betonte Rios Bürgermeister Eduardo Paes bei seiner Präsentation und belegte seine selbstsicheren Worte auch gleich mit einer Umfrage, der zufolge Rio de Janeiro erst kürzlich zur glücklichsten Stadt der Welt gekürt worden sei ...

•

Ein Freund fragte mich vor einigen Monaten: »Was ist das also genau für eine Welt, von der wir nur die Exportgüter, die Touristenattraktionen und die Schlagzeilen kennen?« Brasilien ist mehr als Samba, leckere Caipirinhas, knappe Bikinis, endlose Sandstrände, Drogenkriminalität und ein zur Hälfte abgeholzter Regenwald.

Am 22. April des Jahres 1500 erreichte eine portugiesische Flotte die »neue Welt« und entdeckte sie für die Europäer. Die Ankunft des Seefahrers Pedro Álvares Cabral an der Küste von Porto Seguro war der Anfang der Kolonialzeit und der Beginn der Verfolgung und Versklavung der Ureinwohner. Die darauf folgende Geschichte Brasiliens ist gezeichnet von der schonungslosen ökonomischen Ausbeutung, der Unabhängigkeitserklärung gegenüber Portugal am 7. September 1822, der Sklavenzeit bis zum Ende des 19. Jahrhunderts, der Immigrationsbewegung und einer Militärdiktatur zwischen 1964 und 1985.

Heute hat Brasilien den Wandel von einer Agrar- zu einer Industrienation vollzogen und ist im 21. Jahrhundert ein Land mit enormer Wirtschaftskraft, einer rapid steigenden Absatzkurve bei mehrlagigem Toilettenpapier und ein Land, das sich Schritt für Schritt von der »alten Welt« emanzipiert. Brasilien ist eine moderne und multiethnische demokratische Nation, aber auch noch immer ein Land mit zahlreichen sozialen Konflikten, unzureichendem Bildungssystem und einem Mangel an strukturellen Reformen. Zwischen armer und reicher Bevölkerung klafft eine große Lücke.

Die landesweiten Proteste im Juni 2013 waren Ausdruck dieser Probleme. Zeitgleich zum Confederations Cup, ein Jahr vor dem Beginn der Weltmeisterschaft und drei Jahre vor den Olympischen Spielen in Rio de Janeiro, protestierten Millionen Menschen gegen die aktuelle Fassung der »brasilianischen Realität«. Die Slogans der Demonstranten waren »Mehr Freiheit, mehr Bildung!«, »Brasilien, wach auf!« oder die Fragestellung »Weltmeisterschaft, für wen?«.

Was in São Paulo mit relativ kleinen Demonstrationen gegen Fahrpreiserhöhungen begann, endete in den größten Kundgebungen seit dem Ende der Militärdiktatur in den 1980er-Jahren. Die Inhalte der Parolen und Forderungen waren so unterschiedlich wie die Motive der Beteiligten. Es gab Kundgebungen gegen die Erhöhung der Fahrpreise im Nahverkehr, gegen Korruption und für ein besseres Gesundheits- und Bildungssystem. Es folgten Demonstrationen mit sozialpolitischem Hintergrund, wie zum Beispiel gegen Homophobie, für ein Recht auf Abtreibung, gegen Gewalt gegenüber Frauen und für die konsequente Trennung von Staat und Religion.

Im Korruptionswahrnehmungsindex, erhoben von Transparency International, landet Brasilien regelmäßig im hinteren Mittelfeld, Tendenz fallend. Das öffentliche Bildungssystem ist im Bereich der unteren Schulstufen katastrophal und die Infrastrukturprojekte anlässlich der bevorstehenden Olympischen Spiele halten zahlreiche Kritiker – höflich ausgedrückt – für eine Schande, weit entfernt von allen Aspekten der Nachhaltigkeit.

Ein Kritikpunkt, der die Forderungen verdeutlicht, im Detail: Die U-Bahn von São Paulo hat mit einer Länge von 75 Kilometern ein im gleichen Umfang ausgebautes Streckennetz wie Wien. In Rio de Janeiro ist es weniger als 40 Kilometer lang und in Salvador, einer Stadt im Nordosten mit fast drei Millionen Einwohnern, wurde mit dem Bau eines U-Bahn-Netzes im Jahr 2000 begonnen. Aktueller Stand: ein sechs Kilometer langes Teilstück, das nie in Betrieb genommen wurde.

Regina, eine gute Bekannte, die in São Paulo lebt und in Salvador aufgewachsen ist, kommentiert die Lage zynisch: »Ach, unsere peinliche U-Bahn in Salvador! An den paar Kilometern haben sie zwölf Jahre gebaut. Gigantische Leistung, oder? Das Problem ist die Mafia der privaten Busunternehmen, die den Bau verhindert. Und unsere neuen Stadien, die kein Mensch braucht? Hier geht dann plötzlich doch alles ganz schnell. Und dann wundert sich jemand, wenn wir auf die Straße gehen?«

Wir spazieren entlang der sechsspurigen Avenida Paulista – stolzes Symbol der Wirtschaftskraft von São Paulo –, wo vor einigen Monaten alles begann. Regina war bei den ersten Protesten im Juni in vorderster Reihe zu finden und initiierte einige Aktionen mit. Heute ist der 7. September 2013, der 191. Jahrestag der Unabhängigkeit von Brasilien, und es finden landesweit erneut Kundgebungen statt. Unser zunächst friedlicher Protest endet nach den ersten Provokationen des »Black Blocs« wieder mit dem Einsatz von Tränengasgranaten, Pfefferspray und Schlagstöcken. In ganz Brasilien werden mehr als 300 Menschen verhaftet.

Über die Ergebnisse der Demonstrationen in den Sommermonaten sagt Regina: »Ja, es gab kleine Erfolge. Die Fahrpreiserhöhungen im Nahverkehr wurden sehr schnell zurückgenommen und es wurde mehr Geld für das Gesundheits- und Bildungswesen bewilligt. Aber es ging nie nur um diese 20 Centavos beim Fahrpreis, es geht um viel mehr. Immer noch.«

Obwohl ich weiß, dass es keine einfache Antwort gibt, frage ich sie nach den Perspektiven von Brasilien: »Es ist wirklich nicht alles perfekt: Der Lebensstandard ist für die Mehrheit der Bevölkerung einfach sehr niedrig und in vielen Bereichen sind wir immer noch ein Entwicklungsland. Aber wir kämpfen weiter. Wir sind endlich aufgewacht! Wir können etwas verändern, wenn wir unseren Arsch bewegen.« Sie ergänzt die Forderung, die in diesen Monaten häufig artikuliert wird: »Und wir hätten gerne auch Krankenhäuser, ein Bildungssystem und eine Infrastruktur, die dem Stand unserer neuen Stadien für die Weltmeisterschaft entspricht.« Regina bleibt zum ersten Mal stehen, sie rückt ihre Brille zurecht: »In den drei Jahren und elf Monaten ohne Weltmeisterschaft liebe ich Futebol mehr als alles andere, aber es geht hier um unser Land, um unsere Gegenwart und um unsere Zukunft.«

Während der 72-jährige Pelé diese »Verwirrung« im Land möglichst schnell »vergessen wollte«, forderte der 21-jährige Neymar, der Youngster der brasilianischen Nationalmannschaft, ein »gerechteres, sichereres, gesünderes und ehrlicheres« Brasilien. Neymar und seine Teamkollegen waren in diesen Wochen auch überraschenderweise jene, die für die positiven Schlagzeilen in und aus Brasilien verantwortlich waren: Nachdem die Seleção in den ersten sechs Begegnungen des Jahres 2013 nur einmal, in einem Benefizspiel gegen Bolivien, als Sieger vom Platz gegangen war, gewann sie den Confederations Cup in beeindruckender Art und Weise. Es war eine Demonstration mit teilweise sehr klaren Siegen gegen Japan, Mexiko, Italien, Uruguay und einem 3 × 0 im Finale gegen den amtierenden Welt- und Europameister Spanien, im wiedereröffneten Estádio do Maracanã in Rio de Janeiro.

Während meiner Zeit in Rio de Janeiro versuche ich, einem geregelten Tagesablauf nachzugehen. Jeden zweiten Tag starte ich mit einem Lauf rund um den See Rodrigo de Freitas, eine sieben Kilometer lange Strecke, die in den frühen Morgenstunden stark von Läufern, Inlineskatern und Fahrradfahrern frequentiert wird. Im Osten wird der Salzwassersee durch den Stadtteil Botafogo und den Morro da Saudade, den Berg der Sehnsucht, begrenzt. Im Süden und Westen grenzen Leblon und Ipanema an und im Norden ragt der 710 Meter hohe Corcovado, mit der Christusstatue am Gipfel, in den Himmel über der Stadt am Zuckerhut.

Nach dem Lauf gönne ich mir für gewöhnlich einen Fruchtsaft in meiner bevorzugten Saftbar. Und hier habe ich seit meinem ersten Besuch eine persönliche Mission: Eine schwarze Tafel an der Wand listet alle erhältlichen Fruchtsäfte auf. Sie beginnt bei A wie Abacaxi (Ananas), wechselt die Spalte bei L wie Limão (Zitrone) und reicht bis U wie Umbu, eine gelb-grüne Frucht aus dem Nordosten Brasiliens. Mein engagiertes Ziel: Ich will sie alle! Und heute kann ich sagen: Ich hatte sie alle!

Bruno, der Besitzer des Lokals, ist italienischer Herkunft. Unsere Interpretationen der portugiesischen Sprache sind zwar nicht immer identisch, doch wir unterhalten uns ausgezeichnet über Futebol. Er ist Anhänger von Inter, und seitdem Ronaldo in seiner ersten Saison 1997/98 beim Mailänder Verein einen Hattrick im Cupspiel gegen Piacenza erzielte, vergöttert er den dreifachen Weltfußballer des Jahres. Dieses Spiel war spätestens auch jener Zeitpunkt, als aus Ronaldo weltweit »O Fenômeno« wurde. »Das Phänomen«.

Es muss wohl die dritte Woche gewesen sein, ich war inzwischen bei M wie Maracujá, da entdeckte ich ein neues Poster von »O Fenômeno« in einer Ecke des Lokals. Ich sprach Bruno darauf an, ob auch er am Vortag das Spiel gesehen habe, in dem Ronaldo in der Nachspielzeit den Ausgleich für Corinthians aus São Paulo erzielt hat. Er nickte mir bedeutungsvoll zu und sagte nur: »Show de Bola!«

Lexikon, Eintrag 1: Will man seinen Freunden davon erzählen, es selbst nie vergessen oder bekommt man schlichtweg Gänsehaut davon, handelt es sich in Brasilien um die »Show des Balles«. Ronaldos Comeback-Tor gegen Palmeiras, nach 419 Tagen verletzungsbedingter Pause. »Show de Bola!« Mané Garrincha bei der Weltmeisterschaft 1962 in Chile. »Show de Bola!« Tostão im Spiel gegen Peru. »Show de Bola!« Der Elfmeter von Sócrates gegen Polen bei der Weltmeisterschaft 1986 in Mexiko. »Show de Bola!« Die Abwehraktion von David Luiz im Finale des Confederations Cups 2013 gegen Spanien. »Show de Bola!« Und die Wellen am Strand von Ipanema: »Show de Bola!«

Elza, die reizende Lebensgefährtin von Bruno, ist im trockenen Hinterland des Bundesstaates Bahia geboren und lebt bereits seit mehr als vierzig Jahren in Rio de Janeiro. Ihre Vorfahren waren afrikanische Sklaven aus Angola, die ab Mitte des 16. Jahrhunderts zu Millionen nach Brasilien verschleppt wurden. Die Musik, die Religionen und die Küche Brasiliens sind geprägt von dieser Zeit. Wenn man von einer brasilianischen Identität sprechen will, dann sind diese Wurzeln der verschiedenen ethnischen Gruppen die Basis. Elza ist, wie sie mehrfach betont, »natürlich« Anhängerin vom Team Flamengo und spricht mit ansteckender Leidenschaft über ihre Liebe zu Zico: »Das ist nicht nur meine Meinung: Vergiss Pelé, vergiss Romário und vergiss auch Ronaldo. Du kannst hier jeden fragen: Zico und sein Team aus den 1980er-Jahren sind unerreicht. Wer ihn einmal im Maracanã gesehen hat, wird es nie vergessen. Niemals! Um Craque!«

Lexikon, Eintrag 2: Das Wort »Craque« kommt aus dem englischen Pferderennsport, bei dem das beste Pferd als »Crack-Horse« bezeichnet wurde. Die Brasilianer übernahmen diesen Begriff ins Portugiesische und bezeichnen damit einen herausragenden Spieler. Nicht nur »Craque« wurde aus der englischen Sprache adaptiert: Ab dem Zeitpunkt, als »The beautiful Game« am Ende des 19. Jahrhunderts Brasilien erreichte, wurde aus »Football« einfach »Futebol«, »Team« wurde zu »Time«, »Penalty« zu »Pênalti« und ein »Goal« mutierte schnell zu »Gol«.

Auch was die Namensgebung der Spieler betrifft, sind der Kreativität nicht wirklich Grenzen gesetzt. Als Beispiel einige Pseudonyme brasilianischer Profis: John Lennon, Allan Delon, Mauro Shampoo, Batata (Kartoffel), Ventilador (Ventilator), Astronauta (Astronaut), Fuzuê (Lärm), der kühle Geada (Frost), der kräftige Hulk, der romantische Vágner Love, der stürmische Carabina (Gewehr) und der musikalische Mozart. Die Tierwelt ist ebenfalls prominent auf dem Platz vertreten: Hier lässt sich jedoch mit Pintinho (Küken), Gallo (Hahn), Ganso (Gans), Pardalzinho (Spatz), Falcão (Falke) und Pato (Ente) ein spezifischer und nicht näher verifizierbarer Fokus auf das Federvieh feststellen. So gut wie alles kann in Brasilien zur Bildung eines Fantasienamens herangezogen werden. Ist ein Name schon besetzt, wird er einfach als Diminutiv verwendet.

Lexikon, Eintrag 3: Das Diminutiv ist die Verkleinerungsform eines Substantivs. So wird Ronaldo zu Ronaldinho, Adriano zu Adrianinho. »Cafézinho« ist der kleine Kaffee zwischendurch, und zum Abschied gibt es ein »Beijinho«, ein Küsschen. Die Vergrößerungsform, das Augmentativ, kommt ebenfalls häufig zur Anwendung: Der Trainer Luiz Felipe Scolari wird zu Felipão und Corinthians, das Team (»Time«) aus São Paulo, nennt sich schlicht »Timão«, laut Eigenbeschreibung das »beste Team der Welt«.

•

Futebol wird in Brasilien nicht nur gespielt, gesehen, gelebt und gefühlt. Futebol ist Teil der diplomatischen Beziehungen des Landes. Der ehemalige brasilianische Präsident Lula da Silva war ein freundlicher Genosse und ein höflicher Besucher. Wann immer Lula einen Staatsmann von Welt traf, bekam dieser als Gastgeschenk das Trikot der Nationalmannschaft in der Farbgebung der brasilianischen Fahne. Doch die

Auswahl der Rückennummern gibt einige Rätsel auf: Warum hat Bono Vox, Sänger von U2, die Nummer 10? Warum bekam Silvio Berlusconi die Nummer 6? Und warum wurde Barack Obama, Präsident der Vereinigten Staaten, »nur« mit der Rückennummer 5 eines Innenverteidigers bedacht? Und ist das Verhältnis zu England angespannt? Obwohl Gordon Brown, der englische Premierminister, Lula voller Hoffnung ein Trikot mit der Nummer 7 von David Beckham überreichte, hat er nichts dafür zurückbekommen.

Im lesenswerten Standardwerk *Futebol: The brazilian Way of Life* beschreibt der englische Autor Alex Bellos Futebol als Eckpfeiler der »Marke Brasilien« wie folgt: »Brasilianischer Fußballer‹ hat den gleichen bedeutungsvollen Klang wie etwa ›französischer Chefkoch‹ oder ›tibetanischer Mönch‹.« Und das kanariengelbe Trikot der Seleção ist das Symbol und das Logo dieses nationalen Kulturgutes, das für so vieles steht: für fünf Weltmeistertitel, für Spielfreude und für den Mythos von »O Jogo Bonito«, den Mythos des schönen Spiels.

Das fünftgrößte Land der Welt ist aber auch ein Land, das sich in skurril anmutenden parlamentarischen Untersuchungsausschüssen mit der schwer erklärbaren 0 × 3-Niederlage der Seleção im Endspiel 1998 gegen Frankreich beschäftigt. Die nationalen Fragen klangen sehr einfach: Was passierte mit Ronaldo in den Stunden vor dem Anpfiff? Warum spielte er trotz gesundheitlicher Probleme? Und spielte *Nike*, der Sponsor der Seleção und von Ronaldo selbst, eine schmutzige Rolle in dieser Geschichte? Doch die Aussagen von Stürmer Edmundo und unter anderem Trainer Mário Zagallo führten in weiterer Folge zu keinem befriedigenden Ergebnis der Untersuchungen. Ronaldo selbst hatte noch die schlüssigste Antwort parat, die »wahrste Wahrheit« von allen: »Warum wir nicht gewonnen haben? (...) Wie viele Male hat Brasilien gewonnen? Und niemand fragte warum. Wen interessierte das schon? Aber so ist das nun mal, man gewinnt, und man verliert. An diesem Tag haben wir verloren. Kann passieren.«

Carlos Dunga, Weltmeister von 1994 und Trainer der brasilianischen Auswahl zwischen 2006 und 2010, klagte über diese erdrückende Erwartungshaltung von allen Seiten: »Wir müssen immer gewinnen.

Und wenn wir gewinnen, dann sind wir nicht zufrieden, weil wir ein Spektakel hätten zeigen müssen. Und wenn wir ein Spektakel zeigen, sind wir auch nicht zufrieden, weil wir sieben oder acht Tore hätten machen müssen. Und wenn wir das getan haben, dann heißt es: Der Gegner war schwach.« Als die Seleção im September 2012 tatsächlich 8×0 gegen China gewann, waren dann aber ausnahmsweise für eine kurze Zeit alle zufrieden. Obwohl: Warum hatte China in der zweiten Halbzeit eine Torchance?

In São Paulo werden U-Bahn-Stationen nach lokalen Teams benannt: Mit der Station <u>Portuguesa</u>-Tietê auf der U-Bahn-Linie 1, <u>São Paulo</u>-Morumbi auf der Linie 4, <u>Palmeiras</u>-Barra Funda im Westen und <u>Corinthians</u>-Itaquera im Osten zählt São Paulo gleich vier solcher Stationen. Die rote U-Bahn-Linie 3 verbindet zwar die zwei Endstationen Palmeiras und Corinthians, in Wirklichkeit trennt diese zwei Vereine und ihre Torcidas aber viel mehr als banale 18 Stationen, 40 Minuten und 22 Kilometer. Der Klassiker zwischen Palmeiras und Corinthians wird bereits seit 1917 ausgetragen und zählt zu den emotionsgeladensten Duellen der Stadt und in ganz Südamerika.

Lexikon, Eintrag 4: Während der englische »Supporter« sein Team unterstützt und ein italienischer »Tifoso« an einer ansteckenden Krankheit leidet, ist der brasilianische Anhänger ein »Torcedor«. Der Begriff »Torcida« bezeichnet den organisierten Fanklub, die Fankurve, aber auch die Masse der Anhänger im Allgemeinen. Das Wort »torcer« wird wörtlich als »biegen« oder »verdrehen« übersetzt und erklärt sich durch die Körpersprache eines leidenden beziehungsweise jubelnden Anhängers. Der bedeutende brasilianische Soziologe Gilberto Freyre stellt uns dazu lapidar die Frage: »Was soll ein Mund allein schon aussagen können?«

In Rio de Janeiro tragen ganze Straßenzüge die Spielernamen des siegreichen Teams der Weltmeisterschaft von 1994: Am ausfransenden Stadtrand, dort, wo die Millionenmetropole langsam in den atlantischen Regenwald übergeht, spielt der Traditionsverein America in der zweiten Liga der Meisterschaft von Rio. Der kürzeste Weg vom Bahnhof zum Stadion führt direkt durch das kleine Wohnviertel entlang der Rua Romário. Hat man die Kreuzungen mit Trainer Carlos Alberto Parreira, Stürmer Bebeto und Tormann Cláudio Taffarel hinter sich, ist man nur noch einen Spielzug vom Eingangstor entfernt.

Und selbst in den Süßwarenabteilungen der brasilianischen Supermärkte gibt es kein Tabu: Hier findet man die Schokolade *Diamante Negro*, benannt nach dem Mittelstürmer Leônidas da Silva, dem »Schwarzen Diamanten«. Dieser war 1938 mit sieben Treffern in nur vier Spielen Rekordtorschütze bei der Weltmeisterschaft in Frankreich und gilt als einer der Pioniere des »Bicicleta«, des Fallrückziehers.

Die Begeisterungsfähigkeit für Futebol erkennt man in brasilianischen Städten aber auch in den ruhigeren Abendstunden, wenn sich an den Spieltagen der Geräuschpegel rapide erhöht. So ist es möglich, ganz ohne Fernsehgerät, jedem Spiel zu folgen, das Aufheulen ganzer Stadtteile verrät einem die Ergebnisse. Radio für alle.

Lexikon, Eintrag 5: Spielergebnisse und Torverhältnisse werden in Brasilien nicht, wie in Europa üblich, mit einem Doppelpunkt zur Anzeige gebracht, sondern in der Regel mit einem Multiplikationszeichen getrennt. Ein torloses Unentschieden sieht dann zum Beispiel so aus: 0×0. »Zwei gähnende Münder«, wie es der uruguayische Schriftsteller, Historiker und Journalist Eduardo Galeano pointert nannte. Und der brasilianische Kolumnist Nelson Rodrigues, mit mehr Pathos und Intensität: »Dieser elende, endgültige jungfräuliche Endstand ist eine Ohrfeige für die Zuschauer und macht sie gleichzeitig wütend.«

Das Spiel prägt nicht nur die brasilianische Kultur, sondern auch die Sprache. Sie ist eine reiche Quelle an Phrasen und Redewendungen, die auf Futebol zurückgehen und es bis in den Alltagswortschatz geschafft haben. Über Supertalente und Genies aller Art sagt man zum Beispiel, sie könnten einen Eckball treten und ihn anschließend selbst mit dem Kopf verwandeln. Diese Ausführung wäre zwar irregulär, widerlegt aber den ehemaligen deutschen Bundestrainer Sepp Herberger mit seiner nüchternen Formel »Der schnellste Spieler ist der Ball«. Wird die Ecke hingegen direkt und somit regulär verwandelt, spricht man von einem »Gol Olímpico«. Diese Bezeichnung geht auf ein Kabinettstück des Argentiniers Cesáreo Onzari zurück, der am 2. Oktober 1924 im Spiel gegen den frisch gekürten Olympiasieger Uruguay den Ball direkt vom Eckpunkt ins Tor zirkelte. Kurioserweise war erst rund vier Monate zuvor die Regeländerung beschlossen worden, dass Ecken auch direkt verwertbar sind. Im 21. Jahrhundert ist der Serbe Dejan Petkovic der Meister dieses parabelförmigen Kunstschusses: Insgesamt neun Tore erzielte er auf diese Art und Weise. Noch im fortgeschrittenen Alter von 38 Jahren spielte »Rambo«, als einer der ganz wenigen europäischen Legionäre, beim Team von Flamengo in Rio de Janeiro.

Lexikon, Eintrag 6: Und wie wird in Brasilien ein herkömmliches Tor von einem außergewöhnlichen unterschieden? Ein »Gol« ist die einfache, banale Variante, das Handwerk. Und ein »Golaço« ist das Schauspiel, ein Kunstwerk!

Es gibt nicht nur für fast jede Art eines Tores einen Eigennamen, auch der Ball selbst hat zahlreiche Bezeichnungen. »A Bola«, der Ball, ist in Brasilien weiblich und das Verhältnis zum Spielgerät ist innig: »Die kleine Dicke« (»A Gorduchinha«) will gestreichelt werden, »die Untreue« (»A Infiel«) braucht Aufmerksamkeit und Zuneigung. Nilton Santos, zweifacher Weltmeister, sagte mal über seine lebenslange Beziehung: »Wenn der Ball meine Geliebte war, dann war sie mir von allen die liebste.«

Es ist gleichgültig, ob es sich um ein Golaço beim Weltmeisterschaftsfinale im Estádio do Maracanã in Rio de Janeiro handelt oder um ein unbedeutendes Spiel mit der »Geliebten« im Innenhof – in Brasilien bedeutet Futebol alles: Hoffnung, Verzweiflung, Drama, Spektakel, Tragödie, Liebe, Hass, Pathos und Leidenschaft.

—

»Verlangen wir von einem Spiel die protokollarische
Korrektheit einer Gemeinderatssitzung?«
— Nelson Rodrigues, 1963

V

IM AKTIVEN ABSEITS: FUTEBOL AN DEN GRENZEN

/

»Spielt nicht wie brave Jungs. Brave Jungs gewinnen keine Spiele. Wir sind verdammte Pitbulls! Wenn es nötig sein sollte, ein Bein zu brechen, werden wir es brechen. Alles klar? Verstanden?«

Coach Betão sitzt bereits seit fast zwanzig Jahren auf der Trainerbank des Amateurteams Boa Esperança und kümmert sich sofort fürsorglich und innig um mich. Er behandelt mich, als sei ich die verzweifelt gesuchte und nun endlich gefundene Neuverpflichtung für die vakante Position des Mittelstürmers. Er hat einen liebenswürdigen Charakter – Trainertypus Vaterfigur – und nimmt mich voller Stolz mit in die himmelblau gestrichene Umkleide. Betão stellt mich unvermittelt der halben Mannschaft persönlich vor, schließt mich bei seiner frenetischen Kabinenpredigt in den Kreis des Vertrauens ein und macht mich in diesen wenigen Sekunden zum wohl ersten europäischen Fan von Associação Atlética Boa Esperança aus dem Viertel São Mateus, Zona Leste, São Paulo, Brasil.

Diese kurzen Momente im Inneren von Futebol, im verschwitzten Backstagebereich einer nationalen Leidenschaft, im staubigen Hinterhof der medialen Wahrnehmung, waren für mich die intensivsten und lebendigsten Erfahrungen. In meiner Rolle als Trojanisches Pferd verliebte ich mich in dieses Land mit seinen tausend Welten und wurde zu einem Piraten auf der ewigen Suche nach der Seele von Futebol. In meiner Zeit in Brasilien war ich nie glücklicher als hier und jetzt, in diesem kurzen Augenblick, in der Umkleidekabine von Boa Esperança.

Der 1980 verstorbene Dramatiker und Sportjournalist Nelson Rodrigues bringt es in einer seiner *Crônicas de Futebol* – eine Serie von kurzen Prosatexten – auf den Punkt: »Beim Fußball ist der größte Blinde der, der nur den Ball sieht. (...) Der Ball ist ein winziges, bedeutungsloses, lächerliches Detail. Was wir beim Fußball suchen, ist das Drama, die Tragödie, das Schaudern und das Mitleiden.« Dieser Textauszug über den streitsüchtigen und als gewalttätig geltenden Stürmerstar Almir erschien im November 1963 in der Tageszeitung *O Globo* und ein halbes Jahrhundert später gilt immer noch: In Brasilien ist Futebol so unendlich viel mehr als ein von englischen Akademikern niedergeschriebenes Spiel mit 22 Protagonisten und einem von drei Pfosten gerahmten Ziel.

•

Die eigentliche Geschichte der Mannschaft von Boa Esperança und hundert anderer Teams aus São Paulo beginnt an den blühenden Ufern des Flusses Tietê. »Várzea« kann als »Flussaue« übersetzt werden und ist die Bezeichnung für jene Ufer, die durch ihre Nähe zum Wasser periodisch überflutet wurden und so für permanente Bebauungen nicht geeignet waren. Im täglichen Sprachgebrauch ist der Begriff »Várzea« mittlerweile jedoch viel weiter gefasst und wird auch regional unterschiedlich verwendet. Als kleinsten gemeinsamen Nenner würde man sich landesweit eventuell auf diese vage Definition einigen: Die Várzeas sind fast immer informelle Fußballfelder, mit einem oder zwei mehr oder weniger regelkonformen Toren.

Im Jahr 1900 – Futebol steckte in Brasilien mit zarten sechs Jahren noch in den Kinderschuhen – war São Paulo ein städtisches Gebiet mit lediglich rund 200.000 Einwohnern. Die folgenden Jahre waren die aufregendste Phase der Stadtgeschichte: Aus einer relativ unbedeutenden Kleinstadt im Hinterland, siebzig Kilometer vom Atlantischen Ozean und 400 Kilometer von der damaligen Hauptstadt Rio de Janeiro entfernt, wurde das wichtigste Finanz-, Dienstleistungs- und Handelszentrum von Lateinamerika. Angefeuert durch den Zucker- und Kaffeeboom, die stark forcierte Einwanderungspolitik und die strategisch günstige

Lage erreichte die Bevölkerung von São Paulo 1934 die Millionengrenze und verdoppelte sich in den kommenden zwei Jahrzehnten.

Die Geschichte von Brasilien ist immer auch eine Geschichte der Immigration: Alleine in den vier Jahrzehnten zwischen 1894 und 1933 wechselten 980.000 Portugiesen, 890.000 Italiener, 470.000 Spanier und rund 130.000 Deutsche den Kontinent. Die Beweggründe waren unterschiedlich: In Europa erreichte die Wirtschaftskrise ihren Höhepunkt, die Industrialisierung forderte ihre Opfer und die politische Lage zwang Millionen Menschen, ihre Heimatländer zu verlassen.

Über das Wachstum der neuen Metropole São Paulo notierte der französische Ethnologe Claude Lévi-Strauss in seinem Reisebericht *Traurige Tropen*: »Die Stadt entwickelt sich mit solcher Geschwindigkeit, dass es unmöglich ist, sich einen Stadtplan zu besorgen: Jede Woche müsste eine neue Ausgabe erscheinen.«

Im Zeichen des runden Leders waren diese ersten Dekaden des 20. Jahrhunderts die Zeit, als Futebol de Várzea seine holprigen Anfänge feierte. Heute ist Futebol über einhundert Jahre alt und längst eine nationale Institution, São Paulo ist mit mehr als elf Millionen Einwohnern die bevölkerungsreichste Stadt Südamerikas. Die Schriftstellerin Daniela Chiaretti zitiert im Buch *Megacitys: Die Zukunft der Städte* einen kritischen Freund von ihr: »São Paulo wirkt, als sei es von einem sadistischen Städteplaner geplant worden, der Lust dabei empfand, elf Millionen Menschen das Leben zur Hölle zu machen.« Die Hölle »Sampa«, wie São

Paulo auch liebevoll von den Paulistanos, ihren stolzen Bewohnerinnen und Bewohnern, genannt wird, hat im Zentrum eine Bebauungsdichte vergleichbar mit jener von Manhattan und der Ballungsraum fasst, je nach Berechnungsmodell und Datenquelle, sogar zwanzig Millionen, was der sechsten Stelle im weltweiten Ranking entspricht.

Durch die explodierenden Einwohnerzahlen und die Dynamik der stadtplanerischen Entwicklung von São Paulo wurden und werden die Várzeas zunehmend an den Stadtrand gedrängt und feiern dort ihre Renaissance.

Und was wurde aus dem romantischen Bild der Spiele an den blühenden Flussufern des Rio Tietê? Bei Letzterem handelt es sich mittlerweile um eine begradigte, zugemüllte und kastanienbraun gefärbte Umweltsünde, die auf beiden Seiten von einer mehrspurigen Stadtautobahn gesäumt wird und seit Jahren mehrere Umweltschutzorganisationen nachhaltig beschäftigt.

•

Bei meiner Recherche im Umfeld der Várzeas entdecke ich in der Datenbank einer Bildagentur eine ältere Fotografie, die mich begeistert. Es ist das Bild eines kleinen Kunstwerkes, ein Spielfeld mit einem Baum in unmittelbarer Nähe des Mittelkreises, den der Schiedsrichter als Schattenspender nutzt. Nicht nur die Begrenzungslinien sind etwas ungenau markiert und nur annähernd rechteckig, auch die Bauweise der Tore entspricht nicht ganz den internationalen Richtlinien. Die trapezförmige Fläche ist eine Mischung aus grüner Wiese und staubig ockerfarbener Steppe, die sich wie ein Camouflage-Muster über die Parzelle ausbreitet. Im Hintergrund erkennt man eine U-Bahn-Station, und die Gebäude in der Umgebung lassen auf eine zentrale Lage schließen.

Ein ortskundiger Freund aus São Paulo vermutet, es handele sich um die Haltestelle Brás, nur wenige hundert Meter vom historischen Zentrum entfernt. Schließlich versuche ich den Baum und das Feld aufzuspüren – wenn ich Glück habe, findet tatsächlich ein Spiel statt. Die Geschichte endet ernüchternd: Den Baum gibt es zwar noch immer, doch wo sich das Feld befand, ist jetzt der Spielplatz eines Kindergartens. Das gesamte Areal wird von einer Mauer eingeschlossen und von außen erkennt man nur noch die Krone des Baumes.

Über zahlreiche Umwege komme ich mit Alexandre Battibugli, dem Fotografen des Bildes, in Kontakt und wir tauschen einige E-Mails aus. Alexandre arbeitet für das renommierte Sportmagazin *Placar* in São Paulo und ist regelmäßig für das Coverbild zuständig. Er schreibt mir die rührende Geschichte von seiner Katze Adrianinho, die nach dem Spieler Adriano Manfred Laaber benannt wurde. Der Namensgeber ist Besitzer eines österreichischen Passes und stürmte einige Zeit für Alexandres Team Ponte Preta. 2004 wechselte er die Mannschaft, kehrte aber im September 2012 doch wieder »nach Hause« zurück.

Alexandre hat ein beneidenswertes Portfolio als Fotograf: Er war 1994 beim brasilianischen Finaltriumph über Italien in Los Angeles dabei, bei der Niederlage der Seleção gegen Frankreich 1998 und auch 2006, als Zinédine Zidane in Berlin gegen Italien seine fantastische Karriere beendete. Über sein Foto des Spielfeldes in São Paulo lässt er mich wissen: »Ein Leser unseres Magazins hat mich vor Jahren darauf aufmerksam gemacht. Früher wurden hier im Zentrum ganze Meisterschaften gespielt, aber heute ... Der Immobilienwahnsinn war das Ende dieses Feldes, doch am Stadtrand gibt es sie heute noch immer, mehr denn je. Nimm einfach einen beliebigen Bus und fahr bis zur Endstation.«

Ein letztes Feld dieser Art hat im Zentrum von São Paulo aber überlebt, innerhalb der Parkanlage Dom Pedro II. Dieser Park und auch die unmittelbar angrenzende U-Bahn-Station wurden nach dem letzten Kaiser von Brasilien benannt, der zwischen 1831 und 1889 das Land regierte. Im Norden wird die Anlage von einem schmalen Weg begrenzt, der aufgrund von mehreren gewaltsamen Übergriffen auch lakonisch »Faixa de Gaza« (Gazastreifen) genannt wird. Die anderen drei Seiten werden von stark befahrenen Straßen flankiert. In Summe ist der Platz also nicht unbedingt eine Gegend, in der man seiner neuen Freundin gerne aus der Biografie von Johan Cruyff vorlesen möchte, sondern eine jener Restflächen, die von der Stadtverwaltung keine entsprechende Aufmerksamkeit erhalten.

Ich erkundige mich bei einem der Obdachlosen, die sich hier aufhalten, ob auf diesem Feld noch gespielt werde. »Ja klar, komm am Sonntagmittag noch einmal vorbei. Da sind oft einige meiner bolivianischen Freunde hier. Und die Koreaner spielen meistens schon früher.« Der Mann stellt sich mir als Marco vor und ist vermutlich schon annähernd sechzig Jahre alt. Er trägt ein kanariengelbes Trikot der Seleção mit der Nummer 11 und dem Namen Ronaldinho auf dem Rücken und hat abgesehen von ein paar Stücken Pappe nichts bei sich. Auf meine Frage, ob er auch mitspiele, zeigt er auf sein Bein und schüttelt den Kopf. »Nein, aber früher bin ich richtig gut gewesen. Sie haben mich immer Beckenbauer genannt, weil ich so elegant gespielt habe. Aber du bist noch jung: Spiel mit!« Ich frage ihn nicht, aber er erzählt mir trotzdem von seinem Brotjob: »Ich komme ursprünglich aus der Umgebung von La Paz in Bolivien, dort habe ich als Schildermaler gearbeitet, bis ich arbeitslos wurde. Jetzt sammle ich Dosen. Mein Rekord liegt bei 820 am Tag! Du musst wissen, an den besten Plätzen bist du nie alleine. Für das Kilo bekomme ich zwei Reais bei Eduardo, das sind an guten Tagen dann oft zwölf Reais.« (Zum Vergleich: Ein Kilogramm Reis kostet in einem Supermarkt in São Paulo rund 2,50 Reais. Am Tag des Gespräches entspricht das 1,00 Euro.) Ich bedanke mich für seine Hilfe und er wünscht mir noch einen schönen Tag: »Mein Freund, pass auf dich auf. Bis Sonntag! Valeu!«

An diesem Tag war mir die historische Bedeutung dieses Ortes noch nicht bewusst: Der Überlieferung nach fand hier am 14. April des Jahres 1895 das erste »offizielle«, öffentliche und dokumentierte Jogo do Futebol auf brasilianischem Boden statt. Die genauen Geschehnisse dieser Tage sind leider nur schlecht erfasst, aber es steht fest, es war hier in diesem Areal, im Umfeld der heutigen Parkanlage Dom Pedro II.

Etwas mehr als ein Jahr vor dieser denkwürdigen Auseinandersetzung, am 18. Februar 1894, kehrte der von seinen Eltern im Kindesalter zur Schulbildung nach Southampton in England entsandte Charles William Miller mit einem Regelbuch, zwei Trikots, einer Luftpumpe und zwei Bällen unter den Armen nach Südamerika zurück. Als er nach seiner Ankunft am Hafen von Santos überrascht feststellte, dass »Football« in seiner Heimat völlig unbekannt war, erkannte der erst 19-jährige

Charles Miller seine Mission in der Verbreitung des für ihn so königlichen Spiels.

In dieser ersten Begegnung zum Ende des 19. Jahrhunderts trafen die Mitarbeiter zweier englischer Unternehmen aufeinander. Als Teil des Teams, das sich aus Arbeitern der São Paulo Railway Company zusammensetzte, erzielte Charles Miller persönlich zwei Tore gegen die Werkself eines Gasunternehmens. Das Spiel endete 4 × 2 für die Mannschaft der São Paulo Railway Company.

Der englische Autor Josh Lacey beschreibt diesen Moment in seinem kenntnisreichen Buch *God is Brazilian: Charles Miller, the Man who brought Football to Brazil* folgendermaßen: »Als die Briten vom Spielfeld spazierten, schlugen sie sich gegenseitig auf die Schulter. ›Was für ein schönes Spiel‹, murmeln sie und rufen quer über das Feld zu Charlie, der auf dem Boden kniet und die Luft aus dem Ball lässt: ›Miller! Nettes kleines Spiel, alter Mann! Wann wollen wir wieder spielen?‹«

Es wurde wieder gespielt. Und wie! Diese Partie war der Anpfiff für eine einzigartige Erfolgsgeschichte: Innerhalb kurzer Zeit wurde in ganz São Paulo gespielt, innerhalb weniger Jahre in ganz Brasilien. Die Geschichten im restlichen Land schreiben sich zeitnah und ähnlich: In Rio de Janeiro war der Pionier Oscar Cox, der in der Schweiz studierte, und im Süden von Brasilien startete der Hamburger Johannes Minnemann die Epidemie um die »gelbliche Blase«. Das »brutale englische Spiel« befreite sich vom elitären Charakter der Anfangsjahre und wurde zum Breitensport aller Bevölkerungsschichten.

Ein Meilenstein in der Demokratisierung von Futebol war die Gründung des Teams Bangu in Rio de Janeiro. Der im Jahr 1904 ins Leben gerufene Vorstadtklub engagierte sich von Anfang an aktiv gegen die Ausgrenzung dunkelhäutiger und armer Spieler und verteidigte diese Linie auch erfolgreich gegen zahlreiche Widerstände der High Society.

Aus der englischen Bezeichnung »Football« wird in den kommenden Jahrzehnten das portugiesische »Futebol«, 1958 in Schweden gewinnt Brasilien zum ersten Mal die Weltmeisterschaft und im Juni 2002, etwas mehr als ein Jahrhundert nach diesem ersten, unschuldigen Spiel in São Paulo, wird die Seleção zum fünften Mal Weltmeister.

Im Viertelfinale des Turniers in Japan und Südkorea torpedierte Ronaldinho das englische Tormann-Urgestein David Seaman mit einem sehenswerten Freistoß aus fast vierzig Metern und sicherte so einen 2×1-Sieg der Seleção. Dieses Tor führte nicht nur zum zehnten Sieg – bei acht Unentschieden und drei Niederlagen – gegen das »Motherland of Football«, sondern war auch eine Demonstration der Zuschreibungen beider Länder: auf der einen Seite ein benommener und fassungsloser David Seaman, 38 Jahre alt, auf der anderen Seite ein ewiges kleines Kind, mit neunzigminütigem Lächeln im Gesicht. Es war ein Sieg des brasilianischen Spielwitzes über die englische Korrektheit und ein Triumph der südamerikanischen Improvisation über die europäische Rationalität.

Neun Tage später wird Brasilien in Yokohama mit einem 2×0 gegen Deutschland Weltmeister. Die gefeierten Spieler des Turniers: Cafu, Rivaldo, Ronaldo, Roberto Carlos und der neue Star der Seleção mit der Rückennummer 11: Ronaldinho.

Am Sonntag bin ich um 10 Uhr zurück in der Parkanlage in São Paulo. Marco, meine höfliche obdachlose Bekanntschaft, ist leider nicht anwesend, doch es spielen tatsächlich bereits zwei Mannschaften. Zwei ältere Männer brüllen von der Seitenlinie ihre Anweisungen aufs Feld und im Hintergrund des Geschehens ragt die Skyline des Zentrums empor; das 160 Meter hohe Edifício do Banespa bildet die imposante Speerspitze dieser Stahl- und Betonlandschaft.

Für mich hat das Ganze eine absurde Note, die mir sehr sympathisch ist: Am Geburtsort einer nationalen Leidenschaft, an einem der historischsten und zugleich vergessensten Plätze von Futebol do Brasil, machen sich jetzt ausgerechnet jene Menschen einige schöne Stunden, die sich sonst für gewöhnlich im Abseits der Gesellschaft wiederfinden.

•

Zurück zu den ausufernden Rändern von São Paulo, zurück ins Viertel São Mateus: Mein Team mit dem charmant klingenden Namen Boa Esperança (Gute Hoffnung) um Langzeittrainer Betão ist eine jener 384 Mannschaften, die im Jahr 2012 in der Copa Kaiser antreten.

Die Amateurmeisterschaft Copa Kaiser, gesponsert und benannt nach der lokalen Biersorte *Kaiser*, ist seit mehr als fünfzehn Jahren die übergeordnete Klammer für den Bewerb rund um die Spiele der Várzeas in São Paulo. In zwei Spielklassen, jeweils unterteilt in vier geografische Zonen, startet die Copa Kaiser jedes Jahr im März. In sieben Vorrunden werden die 192 Teams je Spielklasse auf vier reduziert, um schließlich im Halbfinale, im direkten Duell, über die Teilnahme am Endspiel zu entscheiden. Diese logistische Herausforderung mündet in ein gigantisches Programm mit nicht weniger als 1234 Spielen, oder anders: 86.380 Spielminuten bei einer reduzierten Spieldauer von zweimal 35 Minuten.

»Guter Hoffnung« bin auch ich an diesem Wochenende, als ich zum ersten Mal das Amateurteam besuche. An sehr guten Tagen ist wenig Stau in São Paulo, an schlechten Tagen sind die Autoschlangen insgesamt hundert Kilometer lang, und an einem sehr schlechten Tag, am 11. Juni 2009, war der Stau 293 Kilometer lang. Weltrekord!

Heute ist ein sehr guter Tag in São Paulo, und dennoch: Die Anfahrt zur rund dreißig Kilometer entfernten Destination gestaltet sich mühsam, selbst an einem Sonntagvormittag und mit dem Auto. Wohnt man hier und arbeitet im Zentrum, kann man mit zwei Stunden Anreise am Morgen und mit zwei Stunden Rückreise am Abend rechnen. Vorbei an den sicherheitsoptimierten Wohntürmen der aufsteigenden Mittelklasse, den geschlossenen Mauern und Zäunen der Anwälte, Aktienhändler und Ärzte, die identitätslosen Shoppingmalls und neonfarben leuchtenden Liebesmotels hinter sich lassend, scheint hier, an den Rändern der Millionenmetropole, der Übergang von legalen Wohnformen zu sogenannten Favelas fließend.

Je nach Studie und Bewertungskatalog befinden sich rund vierzig der 1600 Favelas von São Paulo im Viertel São Mateus. »Favela« ist ein undifferenzierter Begriff, der häufig abwertend mit »Slum« übersetzt wird. In der Regel handelt es sich um illegal errichtete Bauten mit unterschiedlichen Standards und Typologien. Die Bandbreite der Bauformen reicht von instabilen und waghalsigen Blech- und Holzkonstruktionen bis zu gemauerten, wenn auch bescheidenen Häusern in Eigenbauweise. Einen gemeinsamer Nenner gibt es jedoch immer: Die städtische Infrastruktur ist mangelhaft bis kaum vorhanden.

Speziell in Gegenden wie São Mateus feiert Futebol de Várzea jedoch seinen zweiten Frühling: Zum einen findet sich zwischen Industriezonen, Wohngebieten und Autobahntangenten immer noch eine Fläche für zumindest ein temporär bespielbares Feld, zum anderen sind die Várzeas in diesem ländlicheren Umfeld nach wie vor eine wichtige Institution. Futebol schafft hier, im aktiven Abseits, die wichtigsten Rahmenbedingungen für eine soziale Einrichtung. Das Spiel bildet eine vitale nachbarschaftliche Gemeinschaft, die sonst vom kulturellen Leben des Zentrums – nicht nur durch die räumliche Distanz, sondern vor allem durch die soziale Klasse – abgeschirmt ist.

Amadeu, der Gründer der Amateurmannschaft von Boa Esperança und Vater des Trainers Betão, erzählt aus der Anfangszeit: »Wir hatten diese Idee, hier ein Team zu gründen, weil es in der Nachbarschaft nichts für die Freizeit gab. Nada.« Neben diesem Gedanken an die Community spielt mittlerweile auch der Aspekt des Networkings eine Rolle bei den Transfers zwischen den benachbarten und konkurrierenden Teams: »Sie kicken für meine Mannschaft und ich finde einen netten Job für sie! Verstanden?« Und mit einem Achselzucken fügt Amadeu noch hinzu: »Wenn du ihnen am Sonntag kein gegrilltes Hühnchen servierst, sind sie am Montag wieder weg.«

Die Peripherie von São Paulo hat sich mit der Copa Kaiser eine eigene Liga geschaffen, eine neunmonatige Grillparty mit mehr als 1200 Spielen. Das Fest erreicht man über ein Netz an verzweigten Schotterwegen, zwischen einer leer stehenden Lagerhalle und einer Begrenzungsmauer zu einem Parkplatz liegt das Spielfeld von Boa Esperança. Dutzende Kinder und Jugendliche trommeln und singen bereits eine Stunde vor dem offiziellen Anpfiff, eine Gruppe älterer Herren vergnügt sich bei einem Kartenspiel. Einige Spielerfrauen, die zwei Söhne und die Frau von Coach Betão sind auch hier. Es scheint, als kenne jeder jeden.

Auf den dunkelblauen Trikots des Teams prangt zentral das Vereinswappen, gesäumt von weißen und orangefarbenen Streifen an den Rändern. Wie bei jeder guten grafischen Lösung erzählt auch dieses Wappen eine Geschichte: Der Falke der Ultra-Gruppierung »Gaviões da Fiel« (»Treue Falken«) schwingt seine Flügel über der Weltkugel des Teams von Grêmio. Ersteres eine Reminiszenz an den Verein Corinthians aus São Paulo, das »Team des Volkes«, das so gut wie alle hier unterstützen, und Letzteres ein Verweis auf den Hauptstadtklub des südlichsten Bundesstaates Rio Grande do Sul, der 1983 die Copa Libertadores und anschließend den Weltpokal gewann.

»Amadeu wollte es so«, versichert mir ein zurückhaltender Ersatzspieler auf meine Frage nach dem tieferen Zusammenhang dieser zwei Elemente. »Er liebt den Globus. Und er liebt Corinthians. Verstanden?« Verstanden! Im Stile einer Bastard-Pop-Nummer werden die visuellen

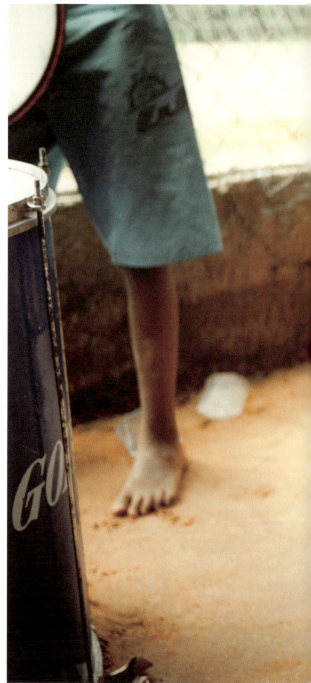

Identitäten zweier verschiedener Teams zu einem neuen Ganzen kombiniert. Et voilà! Und dann sind da noch die drei eigenen goldenen Sterne, die stolz auf die drei erreichten Titel in der Copa Kaiser verweisen.

Zwischen der Bar, einem großzügig mit Fleisch belegten Grillrost, einem überdimensionalen Kühlschrank, randvoll mit Bier, und der Umkleidekabine zeugt darüber hinaus eine Art Ahnengalerie von den Erfolgen des Teams Boa Esperança: Es sind auf dünne Holzplatten kaschierte Fotografien der siegreichen Mannschaften der Jahrgänge 1998, 2000 und 2001. Von der Sonne ausgebleicht und von der Feuchtigkeit schon leicht verzogen, sind sie ein alternatives Format einer Vereinschronik.

•

Der Dokumentarfilm *Futebol de Várzea* des brasilianischen Regisseurs Marc Dourdin berichtet von den anonymen Helden und unbekannten Geschichten dieser Felder in São Paulo. Im japanischen Immigrantenviertel Liberdade verabrede ich mich mit Marc in einer Konditorei in der Nähe der U-Bahn-Station. Er hat wenig Zeit, aktuell arbeitet er auch an einem Film über das Team von Santos mit, der zum einhundertjährigen Vereinsjubiläum erscheint, außerdem bereitet er ein Konzept für eine Dokumentation über Wrestling vor.

Mich interessiert sein persönlicher Zugang und warum er ausgerechnet dieses nicht gerade populäre Thema der Várzeas wählte: »Ich bin ein direkt betroffener Spieler. Mein Feld ist jetzt leider ein Park. Und dann habe ich begonnen, mich intensiver mit der Geschichte der Várzeas auseinanderzusetzen. Ich habe mir gedacht: Das muss endlich jemand machen. So hat vor einigen Jahren alles angefangen.«

Einer der charmantesten Protagonisten in seiner Dokumentation ist der Schiedsrichter Dourado. Bei einem kleinen Turnier zwischen mehreren Nachwuchsteams aus der Region lerne ich ihn kennen. Mit seiner markanten Glatze hat er gewisse Ähnlichkeiten mit dem italienischen Schiedsrichter Pierluigi Collina. Auffallend und beeindruckend ist seine schwarze Arbeitsuniform, alles ist sauber gebügelt und sitzt perfekt. Er ist ein durchtrainierter Sportsmann, wahrscheinlich schon

Mitte fünfzig. Beruf: Profischiedsrichter. Berufung: Várzea. »Rund 3000, vielleicht aber auch 5000 Spiele« hat Dourado schon geleitet. Laut Eigenauskunft ist er »gelernter Maschinenbauer, Kühlschrank-Mechaniker und Elektriker«, doch mit seiner Tätigkeit als Unparteiischer verdient er mehr: »50 Reais pro Match. Ich pfeife manchmal jeweils zwei oder drei Spiele am Samstag und Sonntag. Wenn du willst, kannst du so auf mehr als 1000 Reais im Monat kommen. Das ist viel Geld für einen wie mich, für einen gewöhnlichen Typen aus den Favelas von São Paulo.«

Auf Basis des Wechselkurses am Tag des Interviews entsprechen 1000 Reais rund 450 Euro. Der gesetzliche Mindestlohn lag im Jahr 2012 bei 622 Reais, was 300 Euro entspricht. In Anlehnung an den *Big-Mac-Index* der britischen Zeitschrift *The Economist* folgender Vergleich: Vier Bier in einer Bar, eine Packung Zigaretten, zwei Einzeltickets für die öffentlichen Verkehrsmittel und ein Big Mac kosten in Berlin rund 25,50 Euro ($4 \times 3,00 + 5,20 + 2 \times 2,30 + 3,70$). In São Paulo ergibt die gleiche Kostenaufstellung 17,90 Euro ($4 \times 2,40 + 2,10 + 2 \times 1,20 + 3,80$).

In diesem kleinen Universum am grenzenlosen Stadtrand von São Paulo ist Schiedsrichter Dourado eine Berühmtheit. Durch seinen langjährigen Einsatz kennt er viele Trainer, Spieler und auch zahlreiche Besucher persönlich. Vor dem Spiel wird er vom Publikum noch mit »Professor« und einer herzlichen Umarmung begrüßt, während und nach dem Spiel darf er sich lautstarke Beschimpfungen und Vermutungen über seine sexuelle Orientierung oder die Berufswahl seiner Mutter anhören. »Räuber! Hühnerdieb! Betrüger! Verbrecher! Hurensohn! Filho da Puta!« Dourado kennt sich mit den Umgangsformen hier aus und lässt sich auf Diskussionen mit dem Pöbel ein: »Ich bekomme 250.000 pro Spiel. Und du? Was ist los mit dir? Lass meine Mutter da raus.«

Wir setzen das Gespräch fort, während er unter der Dusche steht. Ich habe mich in vielen verschiedenen Bars über Futebol unterhalten, in einigen Bürogebäuden, selten bei Spaziergängen an einsamen Sandstränden, einmal im Foyer eines Kindergartens, aber bis zu diesem Zeitpunkt noch nie im Sanitärbereich einer Umkleidekabine. Ich reiche ihm sein Handtuch und Dourado spricht weiter über die Zusammensetzung der Teams: »Die Jungs kommen meistens aus derselben Favela und lieben Futebol. Es gibt Mannschaften, da findest du einen Räuber im Tor, einen Bankangestellten in der Verteidigung, einen Lastwagenfahrer im Mittelfeld, einen Trickbetrüger als Stürmer und einen von der Militärpolizei auf der Trainerbank. Es gibt auch ein Team nur mit Köchen. Und ein anderes, das sich nur aus Türstehern zusammensetzt. Du kannst mir das glauben oder auch nicht: Die haben immer den besten Tormann.«

Über seine fachliche Qualifikation sagt Dourado: »Ich kann die Regeln anwenden, ich kenne sie aber nicht ganz genau, noch immer nicht. Wenn du mich nach den achtzehn Regeln fragst, antworte ich dir: ›Die erste ist der Ball, die zweite das Feld und dann kommt der Rest.‹ Ich kenne die Regeln nicht, ich nutze einfach meine Erfahrung. Ich denke: Erfahrung und Mut sind das Wichtigste für diesen Job. Und eine Portion Glück! Ich war nie in eine Schlägerei verwickelt, keine Schusswaffen, nur die üblichen Beschimpfungen. Meistens verläuft alles friedlich.«

In der Verlängerung des Gespräches wird der Unparteiische dann doch noch sentimental: »Ich wurde Schiedsrichter, als ich zu spielen aufgehört habe. Die Sehnsucht war gigantisch, mir haben die Felder so sehr gefehlt. Ganz ehrlich: Ich bleibe bis zum bittern Ende. Sie können mich hier begraben.«

•

Es gibt in Brasilien, vermutlich sogar weltweit, nur noch ein Turnier in der Größenordnung der Copa Kaiser: den Peladão im Bundesstaat Amazonas. Im brasilianischen Portugiesisch bezeichnet das Wort »Pelada« umgangssprachlich ein spontanes Spiel, zumeist barfuß auf rasch abgesteckten Feldern. Die Pelada ist eine Huldigung der zwanglosen Bolzerei, ohne sich an ein strenges, gnadenloses und humorfreies Reglement zu binden. Der Begriff leitet sich etymologisch vom lateinischen »Pila« für »Ball« beziehungsweise dem portugiesischen Wort für Gummiball, dem »Péla«, ab und meint in diesem Fall aber auch eine Kokosnuss, eine ausgestopfte Socke, eine leere Plastikflasche oder einen alten Badeschlappen.

Caio Vilela, Fotograf, Journalist und Herausgeber zahlreicher Bücher zum Themenkomplex »Pelada«, bereiste fast einhundert Länder in dieser Mission und ist wohl der beste Ansprechpartner für meine Fragen: »Egal, ob in der Antarktis oder vor den Pyramiden in Ägypten: Ich glaube, die Pelada ist eine universale Sprache, eine Ausdrucksform einer globalen Kultur, unabhängig von Rasse und Religion.« Für sein neuestes Buchprojekt *Futebol Arte – Von Oiapoque bis Chuí* war er in allen Bundesstaaten Brasiliens unterwegs. Der Bildband kann tatsächlich wie ein alternativer Atlas gelesen werden und verdeutlicht die geografischen Besonderheiten des Landes. Er gibt mir ein Beispiel: »In Macapá, der Hauptstadt des Bundesstaates Amapá, ganz im Norden von Brasilien, warten die Burschen und Mädchen auf die Ebbe des Amazonas. Wenn der Fluss dann langsam zurückgeht, wird barfuß im Schlamm gespielt.«

Die Pelada wird tagtäglich tausendfach im ganzen Land praktiziert: in den gepflasterten Gassen von Salvador, an den Bushaltestellen von Recife, in den Parks von Brasília und natürlich an den Stränden von Rio de Janeiro. In Manaus aber, der Hauptstadt des flächenmäßig größten brasilianischen Bundesstaates Amazonas, bekommt die Pelada eine neue, imposantere Dimension: Sie wird zum Peladão, einem Turnier der Superlative.

Seit Anfang der 1970er-Jahre, als *A Crítica*, die auflagenstärkste Tageszeitung im Amazonas, diese Veranstaltung initiierte, wird der Bewerb alljährlich zwischen August und Dezember ausgetragen. Die annähernd zwei Millionen Einwohner zählende Stadt Manaus liegt 3000 Kilometer beziehungsweise vier Flugstunden nördlich von São Paulo und genießt in vielerlei Hinsicht einen besonderen Status: Gelegen am Rio Negro, unweit dessen Mündung in den Amazonas, ist die Stadt – abgesehen von der Überlandverbindung in das Nachbarland Venezuela – nur per Flugzeug oder Schiff erreichbar. Der Bundesstaat Amazonas umfasst die vierfache Fläche von Deutschland und durch die isolierte Lage der Hauptstadt Manaus gestaltet sich die Anreise für viele Mannschaften schwierig, vor allem in finanzieller Hinsicht: Manche Teams nehmen eine mehrtägige Bootsfahrt auf sich, nur um ein einziges Spiel zu bestreiten.

Als ob dieser exotische Schauplatz nicht ausreichend wäre, muss seit dem zweiten Jahr des Turnierbestehens jede teilnehmende Mannschaft eine eigene Schönheitskönigin in den parallel stattfindenden Schönheitswettbewerb schicken. Die jungen Frauen, die in eigenen Fernsehshows zu den schönsten gekürt werden, sichern ihrer unter Umständen bereits ausgeschiedenen Mannschaft einen Platz in der Hoffnungsrunde. Darin treffen die solcherart ins Turnier Zurückgekommenen auf die Teams der Provinz. Zahlreiche Gemeinden im Hinterland halten nämlich ihre eigenen Versionen des Peladão ab und entsenden ihre siegreichen elf Freunde samt Schönheitsköniginnen nach Manaus. Der Gewinner des Parallelbewerbs darf als letzte Mannschaft in das Achtelfinale des Hauptturniers einsteigen.

Man ahnt es: Das Regelwerk ist komplex. So ist es den Schönheiten ausdrücklich verboten, während der Dauer des Wettbewerbs private Einladungen anzunehmen oder an Fotoshootings teilzunehmen. Darüber hinaus wird auch, wie selbstverständlich, »die ständige Begleitung der Mutter« empfohlen.

Doch die Mühe lohnt sich: Für einige der Damen ist der Bewerb der Startschuss für eine Karriere auf dem Laufsteg. Priscilla Meirelles zum Beispiel brachte es im Jahr 2004 immerhin zur »Miss Earth« und ist heute als Showmasterin, Model und Schauspielerin aktiv. Auch bei den Herren schaffte einer den Sprung nach ganz oben: França, Stürmer der Seleção und bei Bayer 04 Leverkusen, begann beim Turnier in Manaus seine steile und erfolgreiche Laufbahn. In der Saison 2002/03 wechselte França von Brasilien in die deutsche Bundesliga und war bis zur Saison 2012/13 mit einer Ablösesumme von 8,5 Millionen Euro der teuerste Spielereinkauf in der Leverkusener Vereinsgeschichte.

Im Rahmen der Eröffnung des Peladão im Jahr 2013 unterhalte ich mich mit einer der 506 jungen Frauen über die Gründe ihrer Teilnahme: »Die Jungs aus meiner Nachbarschaft spielen mit und haben mich gefragt, ob ich ihre Schönheitskönigin sein will. Mein neuer Freund ist dort seit einigen Jahr Tormann. Und klar, da habe ich zugesagt. Ich bin schon sehr aufgeregt, es ist meine erste Teilnahme am Peladão.« Ihr Name ist Larissa, sie ist zwanzig Jahre alt und ihr Gesicht weist indigene Züge auf, wie man es sehr häufig im Amazonas beobachten kann. Sie hat lange schwarze Haare, eine schlanke Figur und trägt ein Trikot, das in der Farbgebung an jenes von Borussia Dortmund erinnert. Larissa ergänzt ihre Ziele und gibt eine nüchterne Prognose ab: »Natürlich möchte ich gewinnen. Aber es wird sehr schwierig: Die 258 hat sogar einen eigenen Fanklub hier. Und schau dir die Nummer 449 an: Sie ist blond! Und ich bin mir nicht so sicher, ob diese Brüste tatsächlich echt sind.«

Ihr Freund, der Tormann Fabio, erzählt mir: »Im letzten Jahr erreichten wir nicht einmal die zweite Runde. Aber in diesem Jahr haben wir regelmäßig trainiert und ich denke, unser Team kann weit kommen.« Er verzieht das Gesicht und spricht weiter: »Ich sehe hier sonst nur Kartoffelgesichter. Ich glaube, Larissa hat wirklich gute Chancen auf den Sieg.«

Fast zwei Wochen nach der Eröffnung gibt die Jury, nicht nur von Larissa und Fabio mit Spannung erwartet, jene einhundert Kandidatinnen bekannt, die in die zweite Runde aufsteigen: Die Nummer 449 (Brüste) und die Nummer 258 (Fanklub) schaffen den Einzug in die nächste Phase des Wettbewerbs. Larissa steht nicht auf der Liste.

Manchmal auch als die »Olympischen Spiele des Amazonas« bezeichnet, an denen jeder teilnehmen kann, der möchte, lässt sich die Bedeutung des Peladão nicht zuletzt auch an den Zuschauerzahlen messen: Während die Mannschaften in der regionalen Meisterschaft, der Campeonato Amazonense, meist nur einige hundert Interessierte anlocken, werden die Entscheidungsspiele des Peladão regelmäßig von mehr als 10.000 Besuchern verfolgt.

Arnaldo Santos, der Organisator des Turniers, fasst die Philosophie der Veranstaltung enthusiastisch zusammen: »Der Peladão ist ein fantastisches Zeichen der Kraft, der Entschlossenheit, der Opferbereitschaft, aber vor allem des Lebens.« Der integrative Charakter der Veranstaltung, die Menschen unterschiedlichster Schichten im Spiel vereint, ist ein wesentliches Element des Peladão. Im 62-seitigen Regelwerk proklamiert der erste von über 200 Artikeln: »Das Ziel des Peladão sind die soziale Integration des Volkes durch den Sport, die Förderung des technischen Potenzials und die Hervorhebung des Mutes und der Schönheit der amazonensischen Jugend.«

Der Enkelsohn des Gründers, Dissica Calderaro, hat eine pragmatischere, weniger romantische Erklärung für den Erfolg des Turniers parat: »Brasilien hat drei Leidenschaften: Die eine ist Futebol, die andere Frauen und die dritte Bier. Wenn diese drei Dinge zusammentreffen, dann kannst du alles andere vergessen.«

•

Die Pelada hat in Brasilien aber noch zahlreiche Geschwister. Je nach Art des Geläufs hören sie auf verschieden klingende Namen. Eine der jüngsten und zugleich die vornehmste Schwester ist Futsal, als Kurzform von »Futebol de Salão«. Während Futsal in Mittel- und Nordeuropa noch ein Nischenprodukt ist, zählt es in Südamerika, Teilen von Asien, Süd- und Osteuropa längst zum Hauptabendprogramm.

Diese adaptierte Variante von Futebol wird nicht nur auf kleineren Spielfeldern, mit einem kleineren Ball und leicht modifizierten Regeln gespielt, sie ist durch die höhere Spielgeschwindigkeit auch eine ausgezeichnete Schule für eine trickreiche Entwicklung der Protagonisten. Da die Teams nur aus vier Feldspielern bestehen, ist jeder gezwungen, mehr Eigenverantwortung zu übernehmen. Durch den geringeren Stellenwert der taktischen Komponente, bei gleichzeitig komplexen spielerischen Anforderungen, gilt Futsal als heimliche Kaderschmiede für die Generation der Superstars des 21. Jahrhunderts. Für unter anderem Kaká, Ronaldinho, Robinho, Ganso und Neymar war Futsal das Sprungbrett in den Profizirkus von Futebol. Und auch der Argentinier Lionel Messi sagt rückblickend: »Dem Futsal habe ich zu verdanken, wer ich heute bin.«

•

Während meiner Monate in Europa kann ich nicht viel für mein Team in Südamerika tun. Auf der Website der Copa Kaiser verfolge ich zumindest jeden Sonntagabend die Ergebnisse der Mannschaft: Série A, Zone Ost, Etappe 1, Gruppe L3, Team Boa Esperança. Die drei Spiele der ersten Gruppenphase überstehen sie knapp mit einem Sieg, einem Unentschieden und einer Niederlage, vier Punkte, Torverhältnis 3 × 3, nur drei Gelbe Karten.

In der zweiten Phase, in den drei Auseinandersetzungen im Juni, sind es wieder ein Sieg, ein Unentschieden, eine Niederlage, vier Punkte, Torverhältnis 5 × 2. Doch dieses Mal reicht es nur für den dritten Tabellenplatz, der das vorzeitige und bittere Aus bedeutet. Mit sechs Gelben und zwei Roten Karten scheint aber zumindest die Kabinenpredigt von Trainer Betão wahrgenommen worden zu sein: »Brave Jungs gewinnen keine Spiele. Wir sind verdammte Pitbulls! Alles klar? Verstanden?«

Ich mache mir die Mühe und durchsuche alle dreißig Gruppen, alle 180 Begegnungen der zweiten Phase auf Entscheidungen des Schiedsrichters hin. Die Statistik belegt die taktische Vorgabe des Trainers zwar nicht zur Gänze, sie behauptet aber auch nicht das genaue Gegenteil: In dieser Phase des Turniers entfielen von den insgesamt 880 Gelben Karten 52,6 Prozent auf qualifizierte Mannschaften, bei den 88 Roten Karten waren es genau 50 Prozent. Also eigentlich kein signifikanter Unterschied, weder in Richtung »Pitbulls« noch in Richtung »brave Jungs«.

•

Mitte November, rechtzeitig zum Ende der Saison, bin ich wieder in São Paulo. Mit einigen Freunden besuche ich das Endspiel der Copa Kaiser. Das Finale findet dieses Jahr erstmals im Estádio do Pacaembu statt.

Das Pacaembu ist eine schicke Adresse in São Paulo, die für alle Spieler und Beteiligten wie ein Ritterschlag aufgenommen wird: Wochen zuvor spielten die jungen Männer noch auf den verstaubten Plätzen am Stadtrand, heute laufen sie im noblen Stadionoval im Zentrum der Metropole auf. Für ein Spiel stehen sie heute im Flutlicht, für siebzig Minuten im Mittelkreis von Futebol do Brasil.

EC Ajax und Turma do Baffô qualifizierten sich nach den sieben Vorrunden und dem Halbfinale für das Endspiel. Die beiden Mannschaften mobilisieren zusammen mehr als 21.000 Anhänger, was umso beeindruckender ist, wenn man diese Zahl mit jenen der obersten Profiliga vergleicht: Beim Meister der Saison 2012, Fluminense aus Rio de Janeiro, reicht die Spanne von 2852 bis 32.591 Zuschauern, Atlético Goianiense gegen Sport Recife verfolgten 449 Besucher und das Spitzenspiel war FC São Paulo gegen Náutico mit 62.207 Interessierten im Estádio do Morumbi in São Paulo. Der ligaweite Durchschnitt lag in der Saison 2012 bei lediglich 12.983 Personen.

Die Stimmung auf den Rängen und das Spiel selbst kommen jedoch ohne weitere Höhepunkte aus, die Begegnung endet verdientermaßen 2 × 1 für Ajax. Turma do Baffô bleibt, genau wie im vorigen Jahr, nur der Titel des Vizechampions.

Auf dem kulinarischen Programm der Nachbesprechung steht, wie schon bei meinem letzten und vorletzten Besuch, Churrasco, gegrilltes Fleisch in seiner ursprünglichsten Form. Und für die Spieler? Das versprochene Hühnchen, damit sie am Montag wiederkommen. Als Beilage für alle: jede Menge eiskaltes Dosenbier.

—

»Ich werde dich niemals verlassen, niemals, weil ich dich liebe.«
— Tätowierung

VII

KEIN TEAM MIT EINER TORCIDA,
EINE TORCIDA MIT EINEM TEAM

/

Luís, der technisch versierte Verteidiger aus meiner montäglichen Kickrunde in São Paulo, stellt den Kontakt für mich her: »Die Freundin eines Freundes hat eine Schwester. Ihr Name ist Mariana. Sie ist wirklich verrückt, du wirst sie mit Sicherheit mögen.« Und wie ein Ausrufezeichen fügt er noch hinzu: »Mariana ist Mitglied der härtesten Ultra-Gruppierung von Südamerika, der ›Treuen Falken‹!«

Einige Wochen später treffe ich Mariana: blonde Haare, ein Gesicht voller Sommersprossen und einen brüllenden zweijährigen Sohn unterm Arm. Mariana ist die Antithese dessen, was man sich unter einem aktiven Mitglied der populärsten, der fanatischsten, aber auch der umstrittensten Fangruppierung Brasiliens vorstellt, der Torcida des Sport Club Corinthians Paulista aus São Paulo. Mariana studierte Psychologie an der Päpstlichen Katholischen Universität (PUC) und schrieb ihre Diplomarbeit zum Thema »Corinthians, Heldenmythen und Sigmund Freud«. Als Anhängerin von Corinthians identifiziert man sie in erster Linie anhand zweier Merkmale: zum einen durch eine Tätowierung in Form des historischen Vereinswappens auf ihrer rechten Schulter, zum anderen durch den Klingelton ihres Mobiltelefons, der pathetischen Hymne von Corinthians. Wenn sie sich nicht fortlaufend mit selbigem beschäftigt, dann spricht Mariana mit Hingabe über ihr Team, als wäre sie im Aufsichtsrat oder in einer leitenden Position angestellt: »Corinthians ist mein Leben und meine Familie. Es ist alles.« In diesem Zusammenhang erwähnt sie auch ein beliebtes Zitat, um den Stellenwert von Corinthians zu unterstreichen: »Corinthians ist kein Team mit einer Torcida. Corinthians ist eine Torcida mit einem Team.«

Mit mehr als 80.000 zahlenden Mitgliedern sind die »Treuen Falken« (»Gaviões da Fiel«) die mitgliederstärkste aller organisierten Fangruppierungen in Brasilien, und so kann dieses Zitat – wenn man so will – auch als Drohung interpretiert werden.

Der neu verpflichtete Superstar Roberto Carlos fürchtete zum Beispiel nach dem frühzeitigen Aus von Corinthians in der Copa Libertadores im Jahr 2011 um seine persönliche Sicherheit, als er von Motorrädern verfolgt und von anonymen Anrufern bedroht wurde. Es sind oft Aktionen wie diese, mit denen die »Treuen Falken« für Schlagzeilen sorgen. Der brasilianischen Medienmaschinerie ist es gleichgültig, ob tatsächlich einzelne Personen der »Falken« beteiligt waren oder nicht – ihr populärer Name beziehungsweise die Farben des Teams reichen oft aus, um einen Zusammenhang zwischen ihnen und gewalttätigen Vorfällen zu konstruieren. Der Terminus »Torcida« wird dann plötzlich mit »Hooligan« gleichgesetzt und alle Bewohner von Armenvierteln werden zu einer Bande von Schlägern, Vagabunden und Radikalen. Es ist eine von Populismus geprägte Berichterstattung, die sämtliche Klischees und Vorurteile bedient.

Dieser Art der medialen Vorverurteilung versucht Mariana entgegenzuwirken: »Ich sage immer zu unseren Leuten: ›Passt auf, wenn ihr das Trikot von Corinthians tragt. Baut bitte keinen Mist.‹ Gab es gestern eine Schlägerei in einer Bar, sind wir morgen wieder in der Zeitung. Wir können nur darauf hinweisen, viel mehr können wir nicht tun. Wir können und wollen nicht kontrollieren, was 100.000 in ihrer Freizeit machen. Das hat weder mit Futebol noch mit Corinthians was zu tun.«

•

Die Geburtsstunde des Sport Club Corinthians Paulista war am 1. September des Jahres 1910, als zwei Maler, ein Fahrer, ein Schuster und ein Maurer beschlossen, ihren eigenen Fußballklub zu gründen. In Brasilien war Futebol zur damaligen Zeit ein Sport der Eliten, der in seinen ersten Jahrzehnten primär von englischen beziehungsweise europäischen Einwanderern ausgeübt wurde. Das Importgut Futebol war eine Frage des Lebensstils, und eine anglophile Haltung war eine Frage der sozialen Klasse. Das noble Ziel der Klubgründung von Corinthians war es, Futebol einer breiteren Masse zugänglich zu machen. Dieses Image des Arbeitervereins wird vom Klub und der Torcida bis heute nachhaltig gepflegt, was sich nicht zuletzt in der Bezeichnung »Time do Povo« (Team des Volkes) ausdrückt.

Vorbild bei der Namensgebung war das englische Team mit dem Namen Corinthian Football Club, eine Amateurmannschaft aus London, deren Vereinssatzung es den Spielern verbot, an Wettbewerben und Preisspielen teilzunehmen. Da ihnen auf diese Weise Spiele gegen die besten Vereine aus der englischen Football Association weitgehend versagt blieben, begab sich der Klub, der stets einen makellosen Ruf genoss, zunehmend auf weltweite Tourneen. Im August 1910 besuchte das englische Team Brasilien und konnte alle sechs angesetzten Freundschaftsspiele gewinnen. Unter dem bleibenden Eindruck des erfolgreichen und auch ansehnlichen Spiels der Engländer setzte sich der Vorschlag »Sport Club Corinthians Paulista« des Malers und Anstreichers Joaquim Ambrósio durch.

Die jüngere Geschichte von Corinthians bestimmten drei identitätsstiftende Momente, die die Mythen rund um das jeweilige Team und seine Epoche reichhaltig nährten. Aber auch das Selbstverständnis und die Haltung der Anhänger gegenüber Corinthians wurden durch diese drei Ereignisse massiv geprägt.

Moment 1: Ein viertel Jahrhundert ohne Titel. In den 23 Jahren zwischen 1954 und 1977 konnte der erfolgsverwöhnte Klub keinen einzigen Titel gewinnen, bis schließlich am 13. Oktober 1977 Basílio das erlösende Tor gegen das Team von Ponte Preta aus der Nachbarstadt Campinas erzielte und Corinthians zum insgesamt sechzehnten Mal die Staatsmeisterschaft von São Paulo feiern durfte.

Seu Jorge, ein älterer Stammgast in meinem Lieblingslokal in São Paulo, ist in den 1940er-Jahren geboren und spricht über diese langen 23 Jahre so: »Seitdem sich mein Vater das erste Mal mit meiner Mutter verabredet hat, bin ich Anhänger von Corinthians. Ich bin in einem sehr religiösen Umfeld aufgewachsen und war ein junger Bursche. In diesen Jahren aber wurde ich Schritt für Schritt zum Atheisten. Ich bin wirklich überzeugt davon, es kann keinen Gott geben. Ganz ehrlich: Es war eine grausame Zeit für jeden von uns.«

Der Pater James Crowe sieht das anders, er interpretiert die Geschichte in der Dokumentation *23 Jahre in 7 Sekunden* theologischer: »Ich denke, der gekreuzigte Jesus Christus und diese 23 Jahre ohne Titel für Corinthians sind das Gleiche. Beide haben sie sich, bis zu ihrer Auferstehung, nie aufgegeben.«

Moment 2: Rebellen am Ball. 1982, im achtzehnten Jahr der 21 Jahre andauernden Militärdiktatur, initiierte die Gruppe um die Spieler Sócrates, Wladimir, Zenon und Casagrande gemeinsam mit dem Sportdirektor und Soziologen Adílson Monteiro Alves eine Demokratiebewegung innerhalb des eigenen Vereins, die »Democracia Corinthiana«.

Vor einigen Jahren, als ich Sócrates, den intellektuellen und wortgewandten Anführer dieser Gruppe, interviewte, sprachen wir auch darüber, über die Bewegung und ihren informellen Ausgangspunkt. Wir verabredeten uns in der *Choperia Pinguim*, eincr populären Bar im Zentrum von Ribeirão Preto, Heimatort von Sócrates. Die rund 500.000 Einwohner zählende Stadt ist vor allem für eine Sache bekannt: Es gibt das beste Bier in ganz Brasilien. Der Name Sócrates ist eng verbunden mit Begriffen wie »Freiheit« und »Demokratie« und steht seit den Weltmeisterschaften 1982 und 1986 wie ein weltweit geschützter Markenname für das »schöne Spiel«.

Sócrates wurde am 19. Februar 1954 in Belém, im Norden Brasiliens, geboren. Er wuchs in der Provinzstadt Ribeirão Preto auf, rund vier Autobusstunden beziehungsweise 300 Kilometer nördlich von São Paulo. Während seines Medizinstudiums begann er seine Karriere beim lokalen Team Botafogo und wechselte 1978 als promovierter Doktor zu Corinthians nach São Paulo. Dort wurde er im offensiven Mittelfeld mit 172 Toren in 297 Spielen zur Kultfigur.

Ein Jahr spielte er in Italien beim AC Florenz, er war Kapitän der Seleção von 1982 und Südamerikas Fußballer des Jahres 1983. Nach seinem Ausflug nach Italien wechselte er zum Team Flamengo nach Rio de Janeiro, bevor er als 34-Jähriger bei seiner »Jugendliebe« FC Santos seine Karriere beendete.

Sócrates ist Vater von sechs Söhnen und arbeitet als Autor, Kolumnist und Fernsehkommentator. Seine Kleidung: Shorts, Laufschuhe, Tennissocken und ein hellblaues T-Shirt – als wir uns treffen, sieht er aus, als würde er gerade von einem Tennisspiel oder einem Waldlauf kommen. Das vernarbte Gesicht und der Vollbart eines linken Rebellen verleihen ihm die Aura eines griechischen Philosophen, die sein Name so nahelegt. Seine Ausdrucksweise ist gewählt, er spricht langsam und mit Nachdruck: »In einer klassischen Arbeitsbeziehung, vor allem zur Zeit der Militärdiktatur, hatte der einfache Arbeiter keine Möglichkeit, gehört zu werden, nicht einmal, wenn es um Angelegenheiten der eigenen Tätigkeit ging. Wir haben diesen Prozess bei Corinthians umgekehrt. Wir haben uns Rechte erkämpft, die bis heute selten sind. Wir haben jede Entscheidung kollektiv getroffen und uns an der gesamten Führung des Klubs mit beteiligt. Und das auf einem einzigartigen Gleichheitsniveau: Der einfachste Angestellte hatte das gleiche Gewicht wie der Repräsentant des Unternehmens, der Klubchef hatte nicht mehr zu sagen als der dritte Torwart, seine Stimme hatte den gleichen Wert.

Es war also alles sehr demokratisch. Diese Zeit war wunderbar und hat uns alle nachhaltig verändert.«

Es waren Jahre, geprägt von eingeschränkter Freiheit, Zensur und einer Politik der Unterdrückung. In Zeiten einer Militärdiktatur war es ein mutiges und wichtiges Projekt, das national und international für viel Aufsehen und Beifall sorgte.

Unsere Bar ist gut besucht. Während des Gesprächs erfüllt Sócrates Dutzende Foto- und Autogrammwünsche. Ein exzentrischer Kinobesitzer leistet uns für ein Erfrischungsgetränk Gesellschaft und der Küchengehilfe, ein junger Bursche, besucht uns ebenfalls im Laufe des Nachmittags. Sie unterhalten sich ausgiebig über Kickboxen.

Sócrates spricht weiter über die Auswirkungen der »Democracia Corinthiana«: »Die Neuen waren am Anfang wirklich verzweifelt: ›Warum spricht hier niemand über Fußball?‹ ›Dann fang halt an, was über Politik zu lesen, weil hier wird nur über Politik gelabert!‹, haben wir geantwortet. Die sind regelrecht erschrocken. Die mussten dann einiges dazulernen. Ja, das war wirklich verrückt. Ich denke, unsere Bewegung war für den Diskurs über den demokratisierenden Prozess des Landes sehr unterstützend. Brasilien war noch nicht daran gewöhnt, sein Recht zu wählen auszuüben, das Recht, seine Repräsentanten selbst zu bestimmen. Es war also ein fundamentales Hilfsmittel im Prozess der Neugestaltung des Landes.«

Und als formuliere er den ersten Punkt des Manifests einer Revolution, sagt Sócrates: »Man braucht keine Partei, um eine Masse zu mobilisieren. Man braucht nur Ideen und Mut, um ein Land zu verändern.«

Seine Stimme wird lauter und seine Stirn legt sich in Falten: »Niemand mischt auf. Wieso? ›Ah, es gibt kein Geld!‹ Was heißt, es gibt kein Geld? Es gibt Familien, in denen sechs Kinder mit einem Mindestgehalt ernährt werden. Alles ist möglich. Man muss nur mutig sein. Was fehlt? Erstens Kreativität, zweitens Planung, drittens Mut.«

Sócrates ist immer noch der rebellische Intellektuelle mit der stolzen Attitüde eines einsamen Guerilla-Kämpfers, wie einige Jahrzehnte zuvor, als er in einem Interview sagte: »Wenn es nötig wäre, um soziale Probleme zu lösen, würde ich auch zum Gewehr greifen.« Kein anderer erkannte die politische Dimension von Futebol wie er und wusste sie zugleich zu nutzen. »Ein Symbol der Revolution, wie Che Guevara«, schreibt der renommierte Journalist Juca Kfouri über Sócrates.

Ein Typ stapelt bereits die gelben Plastikstühle aufeinander und das füllige Mädchen im eng geschnittenen, neongelben Top bringt die Rechnung. Sócrates zwinkert ihr zu: »Uma Saideira!« Ein allerletztes Bier.

Moment 3: Abstieg in die zweite Liga und Wiederaufstieg. Im Dezember 2007 stieg Corinthians erstmals in der Vereinsgeschichte in die Série B ab, um eine Saison später, am 25. Oktober 2008 um 17.45 Uhr, nach 328 Tagen mit viel Pathos und Bächen voll Tränen wieder zurückzukommen. Es war ein Jahr, das viele Anhänger heute als ein reinigendes Gewitter in Erinnerung haben: »Es war eine Lektion, um unsere Liebe zu prüfen und zu erneuern.«

•

Demokratisch gewählt wird auch heute: Ich verabrede mich mit Mariana anlässlich der anstehenden Wahl des neuen Vereinspräsidenten im Parque São Jorge, in der Vereinszentrale von Corinthians. Die »Zentrale« ist knapp 25 Kilometer von meiner Wohnung entfernt. Mit den öffentlichen Verkehrsmitteln bin ich eine Stunde und zwanzig Minuten unterwegs: drei Busse, 42 Haltestellen. In São Paulo mangelt es an mehreren Dingen, ganz gewiss aber an einem gut funktionierenden System der öffentlichen Verkehrsmittel.

Alle Mitglieder des Sport Club Corinthians Paulista sind im Rahmen dieser Wahl zur Stimmabgabe für ihren Favoriten aufgerufen: Zur Wahl stehen Mário Gobbi und Paulo Garcia für eine Periode von vier Jahren, als Nachfolger von Andrés Sánchez, der politisch ausgezeichnet vernetzt war und bis ganz nach oben – zum ehemaligen Präsidenten von Brasilien und bekennenden Corinthians-Anhänger Luiz Inácio Lula da Silva – beste Verbindungen pflegte. Nicht nur in Italien mit Silvio Berlusconi, auch in Brasilien sind Futebol und Política ein brüderliches Paar, das sich gerne mal unterstützend und kollegial unter die Arme greift.

Der »Demokrat« Wladimir, mit 805 Einsätzen Rekordspieler und Vereinsikone von Corinthians, ist auch hier. Er wirbt für den Außenseiter Paulo Garcia und ist hauptsächlich damit beschäftigt, Hände zu schütteln, Autogrammwünsche zu erfüllen und für Fotos zu posieren. Väter reden auf ihre Töchter und Söhne ein, während sie wild in die Richtung von Wladimir gestikulieren, als würde es sich um einen alten Freund der Familie handeln, der lange auf einer Dienstreise in Übersee war und jetzt endlich mal wieder auf Heimatbesuch ist.

Mariana kennt »Wladi« persönlich und stellt ihn mir vor. Er hat ein strahlendes Lächeln und eine liebenswürdige, einladende Art, mir das Gefühl zu geben: »Schön, dass du auch bei Corinthians bist. Willkommen im Klub!« Ich wusste leider nicht allzu viel über Wladimir, nur eben jenes, worauf Legenden so oft beschränkt werden: Titel (4), Spiele (805), Tore (32), und dass er in drei Saisonen den »Bola de Prata« (»Silberner Ball«) – die Auszeichnung für den besten Spieler einer Position – gewinnen konnte, in seinem Fall: linker Außenverteidiger. Und Wladimir war 1977 auch einer jener elf Spieler, die Corinthians nach 23 Jahren den ersten Titel sicherten. In der 2010 zum einhundertjährigen Jubiläum von Corinthians erschienenen Sonderausgabe des Magazins *Placar* wurde er im Ranking der herausragendsten Spieler der Vereinsgeschichte an neunter Stelle gereiht. Anführer dieser Liste aus der an Legenden nicht ganz armen Historie waren drei besonders schillernde Namen: Rivellino, Luizinho und Sócrates.

Überhaupt: Roberto Rivellino! Dieses Ausnahmetalent, das mit Corinthians keinen einzigen nennenswerten Titel gewinnen konnte, ist unumstritten für alle noch immer das Idol Nummer eins dieser letzten einhundert Jahre. Was für eine Geste! Und was für eine schallende Ohrfeige in die Richtung jener unwissenden »Objektivitätsidioten« und »Technokraten«, die den Glanz von Futebol als Ansammlung von Statistiken und Titeln in Tabellenform verstehen.

Bei der Weltmeisterschaft 1970 in Mexiko präsentierte Roberto Rivellino den »Elástico« zum ersten Mal einem weltweiten Publikum. Bei dieser im Englischen als »Flip Flap« bezeichneten Finte wird der Ball an der Außenseite des Fußes geführt. Während sich der Gegner in diese

Richtung orientiert, wechselt der ballführende Spieler den Ball blitzschnell von der Außen- auf die Innenseite seines Fußes und zieht dabei im Optimalfall an seinem Gegenüber vorbei. Der freundliche Schnauzbartträger aus São Paulo gibt in einem Interview dazu Auskunft und klärt gleichzeitig auf: »Der ›Elástico‹ ist nicht von mir. Ich habe ihn damals von meinem japanischen Freund Sérgio Echigo aus meinem Viertel Liberdade kopiert, der dann später auch bei Corinthians gespielt hat. Ich habe den Trick schon in frühester Jugend übernommen und dann weiterentwickelt. Andere Spieler wie Ronaldinho, Cristiano Ronaldo und Zinédine Zidane haben ihre jeweiligen Versionen davon gezeigt.«

Die Geschichte des »Elástico« ist eine Geschichte, die den Immigrationshintergrund von Brasilien und die Globalisierung von Futebol verknüpft: von Sérgio Echigo, Sohn einer japanischen Immigrantenfamilie, in Brasilien erfunden, von Roberto Rivellino, brasilianischer Stürmerstar mit italienischen Wurzeln, etabliert und von einem Franzosen, Zinédine Zidane, Sohn algerischer Einwanderer, bei Real Madrid in Spanien perfektioniert.

Abgesehen von Wladimir lerne ich später am Abend noch Mindu und Pulguinha (Flöhchen), den ehemaligen Vizepräsidenten der »Falken«, kennen. Pulguinha ist ein außergewöhnlicher Redner, er verfügt über eine unwiderstehliche Rhetorik, mit der herrlichen Stimmlage eines Bassisten. Er trägt ein Amulett mit einem Abbild von São Jorge, dem Heiligen Georg, dem Drachentöter, dem Märtyrer und dem Schutzpatron von Corinthians. Mindu studierte Geschichte und macht einen ruhigen, ausgeglichenen, weniger impulsiven Eindruck. Er ist mittlerweile in der sozialdemokratischen Arbeiterpartei (PT, Partido dos Trabalhadores) politisch aktiv und hat eine Art Ideologieseminar bei den »Treuen Falken« geleitet. Unter dem strengen Titel »Treue, Demut und Handlungsweise« hat Mindu den zukünftigen Mitgliedern den Verhaltenskodex als Gruppe nähergebracht, Informationen zur Vereinsgeschichte gegeben und für Sensibilisierung gegenüber Gewaltthemen gesorgt.

Ich folge der freundlichen Einladung der »Falken« zum Spiel am kommenden Tag, das prestigeträchtige Lokalderby gegen den FC São Paulo steht auf dem Spielplan. Die auch als »Clássico Majestoso« bezeichnete Auseinandersetzung ist seit jeher eine »majestätische« Begegnung der Extraklasse. Die tabellarische Ausgangslage ist so weit entspannt: Es ist die siebte Runde der Campeonato Paulista – die regionale Meisterschaft der Mannschaften aus dem Bundesstaat São Paulo, die von Ende Januar bis Anfang Mai ausgetragen wird – und beide Teams liegen punktgleich an der Tabellenspitze. Nach neunzehn Spielen qualifizieren sich die ersten acht der zwanzig Teams für das Viertelfinale.

Die landesweite Meisterschaft, die Campeonato Brasileiro, häufiger »Brasileirão« genannt, findet nach Dutzenden Formatänderungen seit 2003 im gleichen Modus wie in den meisten europäischen Ländern statt: Zwischen Mitte Mai und Anfang Dezember ermitteln zwanzig Mannschaften in Hin- und Rückspielen ihren Meister.

Aufgrund dieser zwei Meisterschaften, der hohen Dichte an Spitzenklubs in den Metropolen und des zusätzlichen Pokalbewerbs stehen fast wöchentlich Clássicos auf dem Programm. Das morgige Spiel zwischen Corinthians und FC São Paulo ist bereits das 310. Aufeinandertreffen der beiden Klubs in den vergangenen 82 Jahren. Während der FC São Paulo seit 2005 die Staatsmeisterschaft von São Paulo nicht mehr gewinnen konnte, sicherte sich der Rekordmeister Corinthians 2009 die Silberware zum insgesamt 26. Mal. Im Jahr 1902 gegründet, ist die Campeonato Paulista der älteste ausgetragene Bewerb in ganz Brasilien und trotz aller Kritik am regionalen Charakter, der sehr bescheidenen Zuschauerzahlen (2012: ø 6122) und der hohen Anzahl an zusätzlichen Spielen noch immer mit entsprechend viel Prestige verbunden.

•

Spieltag! Das Estádio do Pacaembu – offiziell: Estádio Municipal Paulo Machado de Carvalho – befindet sich im namensgebenden Bezirk Pacaembu, direkt an der Praça Charles Miller. Dieser Platz, der nach dem Gründervater und der Galionsfigur von Futebol benannt wurde, liegt wunderbar zentral mitten in São Paulo, am Ende der verkehrsreichen Avenida Pacaembu, links und rechts freundlich umarmt von den steil aufsteigenden Nachbarbezirken.

Erbaut wurde das Stadion bereits 1940, bei der Weltmeisterschaft 1950 in Brasilien fanden hier drei Vorrunden- und drei Finalrundenspiele statt. Europa lag nach dem Zweiten Weltkrieg noch halb in Schutt und Asche, und so nahmen nur sechs europäische Mannschaften teil. Deutschland war von der Teilnahme am Turnier ausgeschlossen und Österreich zog seine Bewerbung noch vor dem Beginn der Qualifikation zurück. Die Schweizer »Nati« belegte in der stark besetzten Gruppe 1 – mit Gastgeber Brasilien, Jugoslawien und Mexiko – den dritten Platz. Weltmeister dieser vierten Endrunde wurde drei Wochen später Uruguay, das sich im legendären »Endspiel« im Estádio do Maracanã in Rio de Janeiro überraschend mit 2 × 1 gegen Brasilien durchsetzte.

Der Eigentümer des Estádio do Pacaembu ist die Stadt São Paulo, der Verein Corinthians nutzt es aufgrund der Abstinenz eines eigenen Stadions primär für seine Heimspiele. Im Unterbau des »Wohnzimmers« von Corinthians ist seit Herbst 2008 auf zwei Ebenen das Museu do Futebol untergebracht, ein sehenswertes Museum mit wechselnden Ausstellungen rund um das Leder und dessen Mythen, Geschichte und Kultur.

Wie die meisten anderen Stadien in Brasilien ist auch das Pacaembu nur spärlich überdacht. Das war einer der zahlreich angeführten Gründe, warum es für die Weltmeisterschaft 2014 als Spielstätte in São Paulo nicht infrage kam. Nach Jahren der politischen Scharmützel, zurückgetretenen Sportministern, Machbarkeitsstudien und nicht enden wollenden Diskussionen, welches Stadion in São Paulo nun saniert oder erweitert werden sollte, einigten sich die politischen Verantwortlichen auf einen massiv öffentlich subventionierten Neubau eines Stadions für Corinthians im Viertel Itaquera, im Osten São Paulos. Es war eine politische Farce in mehreren Episoden, die selbst den blauäugigsten und überzeugtesten Anhängern von Corinthians missfiel.

Die »Treuen Falken« haben zu ihrem Sektor im Pacaembu einen eigenen Zugangsbereich. Die Militärpolizei, ausgerüstet mit kugelsicherer Weste und Schlagstock, ist für die Sicherheit im Stadion und für die Einlasskontrollen zuständig, die übliche Leibesvisitation, die man über sich ergehen lassen muss. Je nach Bundesstaat sind die Auflagen in den Stadien verschieden: Im strengen, oft paranoid anmutenden São Paulo sind nicht nur Alkohol und Pyrotechnik längst verboten, sondern auch profanere Dinge wie Feuerzeuge oder Zeitungen. Die Verwendung von Musikinstrumenten ist limitiert und Zaun- und Schwenkfahnen dürfen nur nach polizeilicher Genehmigung mitgeführt werden.

Während der Vorbereitungen zur Weltmeisterschaft 2014 in Brasilien wurde nicht lange über Belanglosigkeiten wie Zeitungen und Feuerzeuge diskutiert: »Der Alkohol ist Teil der Weltmeisterschaft. Darüber verhandeln wir nicht. Das Gesetz muss eine Bestimmung enthalten, wonach wir das Recht haben, Bier zu verkaufen, keinen Caipirinha, sondern nur Bier«, betonte FIFA-Generalsekretär Jérôme Valcke mit der diplomatischen Sensibilität eines »Roundhouse-Kicks« in die dürstende Visage der brasilianischen Trinkkultur. In einem Rahmengesetz wurde dann schließlich dieser Forderung der FIFA entsprochen und das Alkoholverbot in den Stadien während der Weltmeisterschaft temporär aufgehoben.

Beim Burschen vor mir findet einer der Polizisten etwas Marihuana, versteckt in der Zigarettenpackung. Er ohrfeigt ihn mit voller Wucht und lässt ihn wortlos passieren. Ich bin der Nächste. Kein Marihuana. Kein Schlag ins Gesicht. Es ist eine unbürokratische Lösung, eine einfache Logik abseits jeder Gesetzeslage, die noch immer allzu oft der brasilianischen Realität entspricht. Das Vertrauen in die Polizei ist nicht nur durch Aktionen wie diese bescheiden: Bei Verkehrsdelikten ist es zum Beispiel häufig üblich, die offene Organstrafe am nächsten Geldautomaten gleich direkt in die Tasche des Ordnungshüters zu begleichen. Meine Begleitung Mariana fasst zusammen: »Schlecht ausgebildet, extrem unterbezahlt und sehr korrupt. Komm, wir gehen besser weiter.«

Kurz nach dem Einlass bekreuzigen sich viele der Fans. Einmal, zweimal oder fünfmal, gefolgt von einem andächtigen Blick gen Himmel. Es sind individuelle Rituale, um die Götter hier in der Kathedrale von Pacaembu gnädig zu stimmen.

Die Messe wird pünktlich um 17 Uhr angepfiffen und wie häufig bei dieser Kombination von Tages- und Jahreszeit bricht ein tropisches Gewitter über der Stadt los. In São Paulo könne man alle vier Jahreszeiten an einem Tag erleben, heißt es. Und tatsächlich: Innerhalb weniger Stunden hatten wir heute bereits einen lauen Herbst, einen trockenen Hochsommer, einen regnerischen Frühling und einen kalten Winter.

Die vermeintlich härteren Jungs erkennt man an den nackten Oberkörpern, die Buben und Mädchen sind mit einem »Regenschutz« gekleidet, den man im Stadion erwerben kann. Dabei handelt es sich um eine etwas dickere, faltbare Einwegfolie mit einigen Löchern für diverse Körperteile. Ich entscheide mich aus Gründen der Eitelkeit und der Credibility in der Kurve für erstere Variante.

In Brasilien ist die Tätowierungsdichte generell beeindruckend hoch, aber hier nähert sie sich dem dreistelligen Prozentbereich an. Viele Besucher sind durchtrainierte junge Männer mit tätowierten Falken, Adaptionen des Vereinslogos auf den Oberarmen oder flächendeckend auf dem ganzen Rücken. Auch ältere Herrschaften, Frauen und Kinder finden sich auf den Stehplätzen der organisierten Fangruppierungen wieder. Einige von ihnen haben kleine Kofferradios ans Ohr gedrückt, um parallel zum Livebild auch über Abseitsstellungen, Statistiken und Spiele der Konkurrenz informiert zu werden.

Unmittelbar nach Anpfiff jeder Halbzeit wird eine 250 Meter lange und 35 Meter breite Fahne für einige Minuten über die Sektoren geflaggt. Die Atmosphäre unter der Bandeirão ist einzigartig: das gebrochene Licht, der dünne Stoff, der mit jeder Bewegung auf die nasse Haut klatscht, brüllende Teenager, weinende Familienväter, die klebrige Luft, vermischt mit dem Duft von Marihuana, der Takt der Paukenschläge und ein Lärmpegel von Tausenden, die gemeinsam »Aqui tem um Bando de Louco!« anstimmen – »Hier ist eine Gruppe von Verrückten!«. Für einige Minuten bin ich Teil dieser Bewegung, dieser populären und anziehenden Subkultur, dieses atmenden Körpers, Teil einer kollektiven Identität: »Wir sind eine Torcida mit einem Team!«

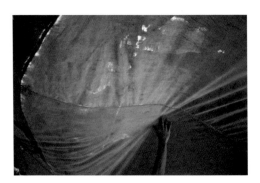

Sócrates äußerte sich – im übertragenen Sinne – gerne zu dieser Flagge, und was er sagte, unterstreicht deren Bedeutung: »Corinthians ist wie eine Fahne, die eine Legion von Anhängern zusammenschließt. Diese Fans haben das Gesicht, das Aussehen von Brasilien: der Migrant, der Leidende und der Kämpfer. Ich sehe also die Wichtigkeit der Flagge genau darin, sie ist Kern des Zusammenschlusses der sozial Bedürftigsten dieses Landes. Natürlich existiert zusätzlich immer noch eine gemeinsame sportliche Vision, aber wenn sich dieses Publikum organisieren würde, wäre es sehr stark und könnte etwas bewegen. Diese Flagge könnte vielleicht sogar wichtiger sein als unsere Nationalflagge.«

Ich spreche Mariana und den politisch engagierten Mindu auf die soziale Dimension an: »Heute? Wenn du mich fragst, ist sie kaum noch vorhanden. Die ›Treuen Falken‹ waren früher mehr eine politische Bewegung, wir hatten eine Haltung und kommunizierten sie auch. Heute beschränken wir uns nur noch darauf, das Team zu unterstützen. Das ist alles. Corinthians ist die Botschaft.« Etwas resigniert und unglücklich wirkend fügt Mindu hinzu: »So ist es für die meisten mittlerweile. Leider.«

Der Stellenwert von Sócrates innerhalb der Torcida ist dennoch nach wie vor enorm. Viele hätten ihn gerne als Präsidenten von Corinthians gesehen, seine Worte wurden und werden regelmäßig zitiert. Auf die Frage nach den doch häufigen und heftigen Ausschreitungen antwortete er: »Wie bei jeder populären Organisation gibt es mehrere Seiten. Man vereint Werte von absolut verschiedenen Charakteren. Wenn du eine interessante Flagge hast, die es schafft, einen Großteil der Bevölkerung anzuziehen, dann veränderst du den Kontext und die Verhaltensweise und sie wird fester Bestandteil in einem politischen Prozess. Und infolgedessen wird sie mit einer größeren sozialen Verantwortung aufgeladen. Der Unterschied ist, dass du unter dieser großen Flagge eines Teams auch gewaltbereite Gruppierungen hast, die sich darin schützen. Personen ohne Perspektive, was auch beim englischen Fußball vor einigen Jahrzehnten passiert ist. Was hatten diese jungen Menschen für Perspektiven? Kaum welche. Du hast eine Masse an Menschen, die dich beschützt, so etwas wie eine Truppe. Allein ist es schwieriger zu provozieren. Das alles ist eine Frage der sozialen Perspektive. Und der Sport, in diesem Fall Futebol, der beliebteste von allen, erlaubt diese Entgleisung.«

Das Spiel endet 1×0 für Corinthians. Tor durch Danilo. Ein vergebener Elfmeter von Jadson und eine Rote Karte für João Felipe. Heute gibt es – vor, während und nach dem Spiel – keine Entgleisungen.

Doch das ist nicht immer so. Rund einen Monat später verabreden sich einige hundert gewaltbereite »Treue Falken« mit Anhängern des Lokalrivalen Palmeiras im Norden der Stadt: Schwere Ausschreitungen fordern zwei Tote und zahlreiche Verletzte. Es ist der vorläufige Tiefpunkt einer langen Liste von Auseinandersetzungen innerhalb einer komplexen Begriffswolke: Gesellschaft, Sozialisierung, Bildung, Politik und Gewalt.

•

Es ist Mitte Februar, oder anders ausgedrückt: Karneval! Eine Zeit, in der sich ganz Brasilien im taumelnden Ausnahmezustand befindet. In diesen Tagen ist es unmöglich, einen Interviewtermin zu bekommen.

Eine schlichte E-Mail-Antwort: sehr schwierig. Ein schneller Cafézinho für ein paar Fragen: »Bitte melde dich nach dem Karneval noch einmal. Muito Obrigado! Vielen Dank! Um Abraço! Eine Umarmung!«

Auch für die »Treuen Falken« ist dieser Abschnitt des Jahres kein gewöhnlicher. Ein Teil ihrer Popularität beruht auf ihrem Engagement abseits von Futebol und Corinthians. Im Jahr 1976 gründeten die »Falken« eine eigene Sambatruppe für den Karnevalsumzug. Daraus wurde eine Sambaschule, und so kam es zu dem Kuriosum, dass eine Fangruppierung den Karnevalswettbewerb in São Paulo bereits mehrfach gewonnen hat.

Aber selbst hier gehen die Clássicos in die nächste Runde: Die Fangruppierung »Mancha Verde« von Palmeiras und die »Dragões da Real« vom FC São Paulo stellen seit einigen Jahren ebenso eine Sambaschule wie die »Treuen Falken« von Corinthians. Diese Art der Derbys gibt es einmal im Jahr und exklusiv nur in São Paulo. Wenn sich dann die Sambaschulen beim Karnevalsumzug tanzend durch die Arena bewegen, verwandelt sich das über 500 Meter lange Sambódromo des Architekten Oscar Niemeyer in die beeindruckendste und schillerndste Längstribüne der Welt. Diesen Effekt nutzt man auch bei den Olympischen Sommerspielen 2016: Das ebenfalls von Oscar Niemeyer entworfene Sambódromo in Rio de Janeiro wird als Zielgerade für den Marathonbewerb fungieren.

Im Jahr 2012 endet der Bewerb für die Sambaschule der »Treuen Falken« jedoch enttäuschend: Ausgerechnet mit der wenig geliebten Schule vom FC São Paulo belegte man punktgleich den siebenten Rang, während die Schule von Palmeiras mit lediglich 0,2 Punkten Vorsprung Vierter wurde.

Das umfassende Regelwerk zur Bewertung des Gebotenen lässt Futebol aussehen wie ein unschuldiges Spiel auf dem Pausenhof: Hier ist von Evolution, Thema, Harmonie, Verkleidung, Rhythmus und Allegorie die Rede. Nachdem alle vierzehn Schulen ihr Programm beendet haben, vergeben 45 Jurorinnen und Juroren die Punkte. Rogério Felix, Mitglied der Karnevalskommission, gibt über das Konzept des Gesamtkunstwerkes Auskunft: »Wenn die Schule singt, erreicht sie das Publikum, und wenn das Publikum mit der Schule singt, ist das ganze Spektakel komplett. Die Show des Karnevals muss auf der Piste beginnen und auf den Tribünen enden.«

•

Wenn nach einigen Wochen der nationale Kater überstanden ist, sind auch die »Treuen Falken« wieder ansprechbar. Ich besuche sie mit Luís, dem Verteidiger aus meiner Kickrunde, in ihrem Hauptquartier in der Nähe des Busbahnhofs. Auf den ersten Blick handelt es sich um eine banale Lagerhalle, doch im Innern offenbart sich eine Kombination aus Restaurant, Veranstaltungszentrum, Fanshop und zentralem Kleinfeld. In einer Ecke befinden sich ein paar Computer, die den Mitgliedern für Kurse zur Verfügung stehen. Das ganze Setting gleicht mehr einem Jugendzentrum oder einer sozialen Einrichtung als dem Treffpunkt der populärsten Fangruppierung Brasiliens.

Es ist Samstag. Und wie jeden Samstag steht in ganz Brasilien, also auch hier, das Nationalgericht Nummer eins auf dem Speiseplan: Feijoada, ein Bohneneintopf mit Fleisch, der mit Reis und Farofa als Beilage serviert wird. Farofa ist ein etwas gewohnheitsbedürftiges gelbgoldenes Mehl, das aus der Maniok-Pflanze gewonnen wird. Wer Sägemehl mag, wird Farofa lieben.

Die selbstbewussten Anhänger von Corinthians bezeichnen ihre Mannschaft gerne als »das beste Team der Welt«, vor allem seit dem Gewinn der ersten Klub-Weltmeisterschaft im Jahr 2000. An diesem inoffiziellen Titel kratzte jedoch lange die Tatsache, dass Corinthians im Gegensatz zu allen drei Lokalrivalen – Palmeiras (1999), FC Santos (1962, 1963, 2011) und FC São Paulo (1992, 1993, 2005) – nie die Copa Libertadores, das südamerikanische Gegenstück zur europäischen Champions League, gewinnen konnte, weshalb ihnen diese Bezeichnung, nicht nur in São Paulo, mit entsprechender Leidenschaft abgesprochen wurde. Dieser Makel war eine offene Wunde, in welche die Anhänger der anderen Paulista-Teams – die »Schweine«, die »Fische« und die »Bambis« – nur zu gerne ihre Finger legten.

Die Auseinandersetzung mit dem Gegner findet, im Vergleich zu Europa, oft auf viel subtileren, ideenreicheren und ironischeren Ebenen statt: Als Corinthians in der Saison 2011 gegen das kolumbianische Team Deportes Tolima in der Qualifikation zur Copa Libertadores erneut frühzeitig ausschied, waren in den folgenden Wochen die eigens gefertigten gelb-weinroten Trikots der Überraschungsmannschaft Tolima das beliebteste Merchandising-Produkt in der ganzen Stadt. Auch Luís konnte es nicht fassen: »Es war wirklich peinlich. Eine Niederlage gegen ein Team aus der Provinz Tolima! Wo ist das überhaupt? Ein Team aus Kolumbien! Sai Zica! Erlöse uns von dem verdammten Fluch der Copa Libertadores!«

•

Und dann! Der 4. Juli 2012, 21.50 Uhr Ortszeit, im Estádio do Pacaembu in São Paulo: Das Rückspiel im Finale der Copa Libertadores gegen Boca Juniors aus Buenos Aires. Nach einem 1 × 1 im Hinspiel wird im eigenen »Wohnzimmer« mit einem 2 × 0 alles klar gemacht. »Das beste Team der Welt«, eine »Gruppe von Verrückten« und Millionen Anhänger in Brasilien feiern die Party ihres Lebens. Endlich!

—

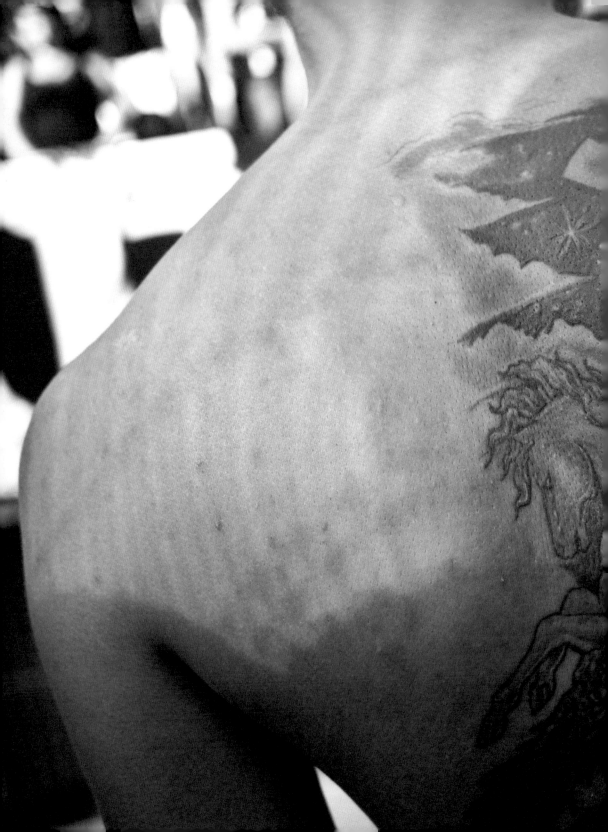

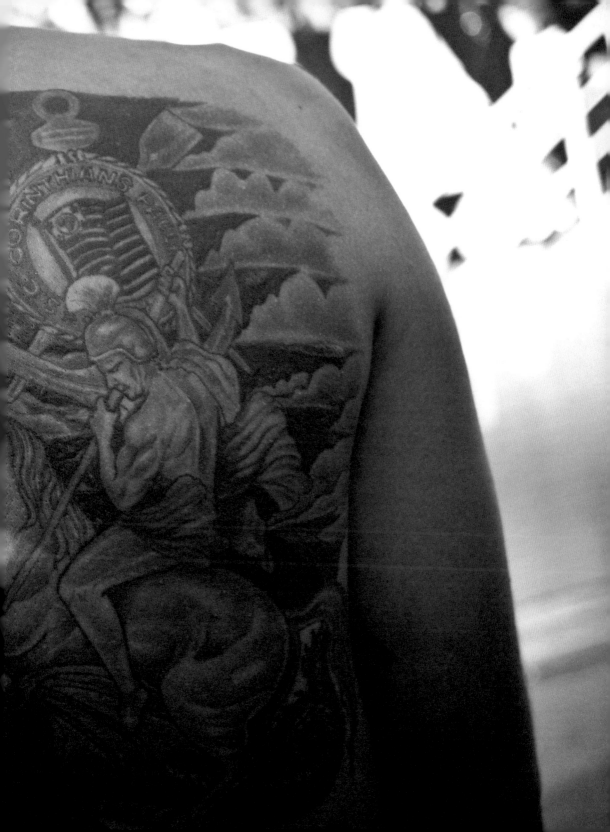

A

ANMERKUNGEN

/

1   Im 41-seitigen Anhang der Biografie *Pelé – Mein Leben* findet man eine entsprechende Auflistung aller Tore. Von Pelés 1284 Treffern (in 1375 Spielen) entfallen 517 auf Freundschafts- oder Benefizspiele.

2   Im Oktober 2007 wurde Brasilien als Gastgeber für die Weltmeisterschaft 2014 bestätigt. Und so findet nach Uruguay (1930), Brasilien (1950), Chile (1962) und Argentinien (1978) zum fünften Mal eine Endrunde auf dem südamerikanischen Subkontinent statt.

3   Die vier Zutaten des Caipirinhas sind: der Zuckerrohrschnaps Cachaça, Limetten, Eis und Zucker. Verwendet man statt Cachaça Wodka, nennt sich der Cocktail Caipiroska. Anstelle von Limetten kann man alternativ auch Kiwis, Erdbeeren, Ananas oder andere Früchte verwenden.

4   Im Falle von Brasilien wurde nicht nur das gelbe Trikot der Seleção ein starkes Symbol der nationalen Identität, sondern auch die Flagge selbst weist einen hohen Wiedererkennungswert auf. Mit den »Stars and Stripes« der Vereinigten Staaten und der Flagge der Schweiz zählt die gelbe Raute auf grünem Grund zu den drei Designs mit der signifikantesten visuellen Sprache. Brasilien sei »eine der interessantesten und mächtigsten Marken«, sagt auch der Brite Simon Anholt, der den Begriff des »Nation Branding« geprägt hat.

Die Journalistin, Ostasien- und Kommunikationswissenschaftlerin Alena Schmuck hat für das österreichische Magazin *The Gap* einen umfassenden Schwerpunkt zum Thema »Nation Branding« verfasst. Ich verabrede mich mit ihr im Museumsquartier, im historischen Zentrum von Wien. Dieses kulturelle Erbe der Monarchiezeit repräsentiert heute vieles, was die touristische Attraktivität von Wien ausmacht: Im 18. Jahrhundert als Hofstallungen erbaut, wurde es 2001 als moderner Museumskomplex wiedereröffnet. Es verbindet die barocke Architektur aus der Kaiserzeit mit dem Kunst- und Kulturprogramm aus dem 21. Jahrhundert. Alena erklärt mir das Konzept von Nation Branding: »Der Kern ist: Du kannst nur mit etwas arbeiten, was auch vorhanden ist. Nation Branding ist keine Werbekampagne. Staaten und Städte sind mittlerweile immer mehr einem internationalen Wettbewerb ausgesetzt. Also geht es auch um eine Abgrenzung gegenüber seinen Mitbewerbern. Und eine Sportveranstaltung wie die Olympischen Spiele ist das einfachste Instrument, sie bekommt mit Abstand die meiste Aufmerksamkeit: Sport ist positiv und immer emotional besetzt.« Alena und die Kritiker dieser »Ökonomie der Aufmerksamkeit« kennen aber auch die Schattenseite dieser Prozesse. Auf der Suche nach mehr Tourismus, mehr Arbeitsplätzen und mehr Investoren sind negative soziale Auswirkungen die Begleitumstände: In Rio de Janeiro wurden zum Beispiel Hunderte Armenviertel zwangsgeräumt, die Investitionen sind nicht immer nachhaltig, die Immobilienspekulation in den zentraler gelegenen Favelas steigt und Obdachlose werden aus dem Stadtbild gedrängt.

5   Die Variante mit der Rückennummer 10 ist mit hoher Wahrscheinlichkeit eines der am meisten getragenen Trikots weltweit. Und ein spezielles Einzelstück davon sicherlich auch das wertvollste. Anlässlich einer Versteigerung im Londoner Auktionshaus *Christie's* kam das Trikot von Pelé unter den Hammer. Es war jenes, das er im Finale der Weltmeisterschaft 1970 beim 4 × 1 gegen Italien trug, wo er den ersten Treffer für Brasilien erzielte. Für den beachtlichen Preis von 157.750 Pfund wechselte das mit Grasflecken dekorierte Original im Jahr 2002 seinen Besitzer.

Diese Endrunde in Mexiko 1970 war auch die erste Weltmeisterschaft, die im Fernsehen vollständig in Farbe übertragen wurde. Die wenigsten Haushalte hatten zwar zu diesem Zeitpunkt entsprechende Geräte, doch die bunten Bewegtbilder der Seleção in Gelb, Grün und Kobaltblau markieren den Startpunkt einer der wirtschaftlich erfolgreichsten Symbiosen: das Massenmedium Fernsehen und Futebol als globales Medienspektakel.

6   Die Eröffnung der U-Bahn-Station São Paulo-Morumbi war für das erste Halbjahr 2014 geplant.

7   Der Stürmer Almir wurde 1973 als 35-Jähriger in einer Bar ermordet, als er versuchte, eine Gruppe Homosexueller zu verteidigen.

8   Nicht nur Millionen Europäer folgten dem Geruch des Kaffees und dem propagierten Versprechen einer wirtschaftlich sicheren Existenz, sondern auch mehr als 140.000 Japaner. Es klingt vielleicht überraschend, aber abgesehen vom »Land der aufgehenden Sonne« ist Brasilien der Staat mit den meisten Japanern und ihren Nachfahren. Der primäre Grund für die Auswanderung waren die Folgen der Meiji-Restauration, die Japan von einem feudalen Bauernstaat in eine moderne Industrienation verwandelte. Die Verarmung der ländlichen Bevölkerung in Japan und der Mangel an Plantagenarbeitern in Brasilien waren die Initialzündung dieser noch so jungen Beziehung.

Am 28. April 1908 legte der Ozeandampfer Kasato Maru am Hafen der japanischen Stadt Kobe ab, um 51 Tage später am anderen Ende der Welt, mehr als 20.000 Kilometer entfernt, in Santos an Pier 14 anzudocken. Die lange und beschwerliche Reise führte über die Zwischenstationen Singapur und Kapstadt nach Santos. Am 18. Juni erreichten so die ersten 781 japanischen Immigranten das Festland dieser für sie fremden und exotischen »neuen Welt«. Die lokalen Zeitungen beschreiben sie in den Tagen nach ihrer Ankunft als »sehr höflich und zuvorkommend«. Auf den Kaffee- und Baumwollplantagen wurden sie jedoch nicht immer sehr höflich und zuvorkommend behandelt. Nachdem Brasilien erst

1888, als letztes westliches Land, die Sklaverei abgeschafft hat, waren die neuen Arbeitskräfte eine willkommene und vor allem preiswerte Alternative.

9   Im 21. Jahrhundert, einhundert Jahre nach dem Zenit der Immigrationsbewegung, sind viele Teams immer noch sehr eng mit ihren europäischen Wurzeln und der Nationalität ihrer Gründerväter verbunden. Ein Beispiel: Juventus, traditionell die bevorzugte Mannschaft von italienischen Immigranten, ist ein im April 1924 von Mitarbeitern des Textilunternehmers Rodolfo Crespi gegründeter Verein aus dem Osten von São Paulo, der sich heute in der Talsenke der dritten Liga der Campeonato Paulista, der regionalen Meisterschaft des Bundesstaates, wiederfindet.

Das Stadion von Juventus ist eine italophile Insel, ein kleiner Kontinent zwischen alten und neuen Werten, zwischen einer bewegenden Geschichte und den üblichen Begehrlichkeiten, wie dem ersehnten Wiederaufstieg in die Série A2, einem seltenen Derbysieg gegen das Team von Portuguesa oder dem erneuten Gewinn der Copa Paulista, der damals, im November 2007 in der vierten Minute der Nachspielzeit so glorreich gesichert werden konnte. Auf den T-Shirts der Anhänger von Juventus sind selbstbewusste und stolze Sprüche zu lesen, wie: »Mooca é Mooca« (Mooca ist Mooca), oder die männlichere Variante: »I don't need Viagra. I'm Italian.« Abgesehen von der hohen Kunst des Abläsierns am Spielfeldrand gibt es noch die besten Cannoli der Stadt, eine frittierte Teigrolle mit Füllung. Neben dem Verkäufer Seu Antônio haben zwei Damen, beide schon über achtzig Jahre alt, angerichtet. Auf ihrem Verkaufstisch sind liebevoll Süßigkeiten geschichtet: Kaugummis links oben, Erdnüsse rechts oben, Schokoriegel rechts unten, Wechselgeld links unten. Wasser in Plastikbechern steht in einer mit Eis gefüllten Styroporbox am Boden. Meine Bestellung wird, nicht nur mir gegenüber, mit einem charmanten »Na, du Schöner?« aufgenommen.

Nach der Saison 2012 konnte Juventus nach drei Jahren in der dritten Liga von São Paulo wieder in die zweite Spielklasse aufsteigen. Es gab endlich wieder das lang herbeigesehnte »Derby der Immigranten«

gegen das Team von Portuguesa. Man verlor mit 1 × 2 und belegte am Ende der Saison 2013 den letzten Tabellenplatz, der den erneuten Abstieg bedeutete.

10 In der Parkanlage Dom Pedro II. in São Paulo war ich noch einige Male. Marco, meine höfliche Bekanntschaft mit der Rückennummer 11, sah ich leider nie wieder.

11 Es gibt zahlreiche ausgezeichnete Filme und Dokumentationen, die sich mit dem Thema Futebol beschäftigen. Antonio Leal, der Direktor und Kurator des Filmfestivals *Cinefoot*, nennt mir bei einem Gespräch in Rio de Janeiro einen seiner persönlichen Lieblingsfilme: »Einer meiner Favoriten ist immer noch *For Export*. Eine tolle Geschichte über die Weltmeisterschaft 1950.« Der uruguayische Regisseur Alberto Moratório erzählt in seinem Kurzfilm *For Export* die Reise des Spielballes, der im »Endspiel« verwendet wurde. Es beginnt mit einer eigenwilligen Kuh auf einer Weide in Uruguay und endet mit einem Lederball im Maracanã-Stadion, der sich – erneut eigenwillig – zwischen Tormann und Pfosten in die kurze Ecke drängte und so den 2 × 1-Sieg für Uruguay sicherte ...

12 In der Saison 2013 erreichte mein Team Boa Esperança die dritte Runde in der Copa Kaiser: Nach einem 0 × 0 gegen FC Madrid folgten zwei Niederlagen.

13 Der Zuschauerschnitt in der ersten brasilianischen Liga bleibt in der Saison 2013 konstant niedrig: Trotz einiger neuer Stadien, die bereits zum Confederations Cup eröffnet und bespielt wurden, beträgt er nur 14.969 Besucher pro Spiel. Die Bandbreite ist enorm und reicht von 1182 (Portuguesa × Fluminense) bis zu 63.501 (Santos × Flamengo) Zuschauern. Zum Vergleich die Zuschauerzahlen in der Saison 2011 / 12 in anderen Ländern: Deutschland: 45.100, England: 34.600, Spanien: 30.300, Italien: 23.200, USA: 17.900, Schweiz: 12.300, Österreich: 7100.

Mit dem Journalisten und Fernsehkommentator Paulo Vinícius Coelho unterhalte ich mich auch über die niedrigen Besucherzahlen. Er ist für die meisten Brasilianer besser bekannt unter dem eingängigen Kürzel »PVC« und gilt als Enzyklopädie, was Futebol betrifft. Mit ihm über die brasilianische Liga zu sprechen, ist, als würde Roger Federer einem helfen, sein Vorhandspiel zu verbessern. Er ist eine Institution in Sachen Futebol und ein Mahnmal der journalistischen Unabhängigkeit. Wir verabreden uns in seinem Büro beim Pay-TV-Sender *ESPN Brasil*, wo er mehrere Sendungen moderiert.

»Wenn Barcelona gegen Santos 4×0 gewinnt, hat das auch wirtschaftliche Gründe. Der Punkt ist, niemand in Brasilien setzt sich damit auseinander, es wird nicht als Problem wahrgenommen. Die Zuschauerzahl stagniert einfach, es gibt keine positive Entwicklung wie in vielen anderen Ländern. Ich denke, im Grunde ist es ein Vermarktungsproblem der ganzen Liga.«

Mein Gesprächspartner fährt fort: »Wenn wir tatsächlich das Land Nummer eins sein wollen, muss sich Futebol weiterentwickeln. Speziell im Norden von Brasilien.«

Wenn Futebol immer auch ein Abbild der Kultur eines Landes ist, dann zeichnet in Brasilien sogar so etwas Pragmatisches wie eine nationale Liga und ihre Tabelle ein Bild der ökonomischen Verhältnisse und des sozialen Gefüges.

Die landesweite Liga verläuft auf einer schiefen Bahn Richtung Süden: Aus den sechs südlichsten Bundesstaaten (São Paulo, Rio de Janeiro, Santa Catarina, Rio Grande do Sol, Paraná und Minas Gerais) verdichten sich 16 der 20 Teams aus der obersten Spielklasse. Das sind auch genau jene sechs der 27 Bundesstaaten, die im Ranking des Bruttoinlandproduktes die vordersten Plätze belegen. Parallel zu diesen Werten verlaufen die jeweiligen Kenngrößen für Lebenserwartung, Alphabetisierung, Kindersterblichkeit und Bruttoinlandprodukt pro Kopf. Letzteres lag im Bundesstaat São Paulo bei 26.202 Reais im Jahr 2009, in Piauí im Nordosten bei 23 Prozent davon, bei 6051 Reais pro Person und Jahr.

14   Das Interview mit Sócrates führte ich im Januar 2009 zusammen mit der Wiener Filmemacherin und Journalistin Karina Lackner.

15 Über den Niederlagen bei den Weltmeisterschaften von 1982 und 1986 liegen der Zauber der Melancholie und die verschleiernde Mystik der Geschichte. Die Mythen und Legenden um Sócrates und sein Team reicherten sich über die Jahrzehnte an, genährt vom verklärenden Blick der spielenden Kinder von gestern, den Journalisten, Kommentatoren und Autoren von heute. Rückblicke werden zur Gewissheit. Für uns wurde 1954 Ungarn mit Ferenc Puskás, 1974 die Niederlande mit Johan Cruyff und 1982 Brasilien mit Sócrates und Zico Weltmeister. Diese Teams und ihre vierstelligen Jahreszahlen sind die Projektionsflächen einer Generation der Romantiker und Träumer.

16 Am frühen Morgen des 4. Dezember 2011 verstirbt Sócrates Brasileiro Sampaio de Souza Vieira de Oliveira infolge seiner Alkoholabhängigkeit im Albert-Einstein-Krankenhaus in São Paulo an multiplem Organversagen. Er wurde 57 Jahre alt. Am selben Tag, nur wenige Stunden später, sichert sich sein Team, Corinthians São Paulo, den fünften Titel in der brasilianischen Meisterschaft.

Ich erinnere mich an das Zitat von Sócrates: »Jede Sekunde in meinem Leben muss die beste sein und die nächste muss die vorangegangene übertreffen. Was wirklich zählt, ist Glücklichsein. Vielleicht haben wir keine Pokale gewonnen, wohl aber das eine oder andere Herz. Champion zu sein, ist nur ein kleines Detail.«

17 Sérgio Echigo hinterließ nicht nur in Brasilien seine Tricks und Spuren, sondern war auch in Japan ein Pionier des runden Leders. Nach seinem frühen Karriereende war er im Herkunftsland seiner Eltern in verschiedenen Positionen aktiv: Er leitete Seminare über Futebol, schrieb Bücher, war Journalist und Eishockeytrainer.

18 In der Campeonato Paulista 2012 schied Corinthians zwei Monate später im Viertelfinale unerwartet gegen Ponte Preta aus, während der FC São Paulo im Halbfinale dem späteren Sieger FC Santos unterlag. Ein Jahr später, in der Saison 2013, sicherte sich Corinthians den 27. Titel in dieser Meisterschaft.

B

SPIELPLAN

/

#01
07.12.2008
Palmeiras × Botafogo 0 × 1
Brasileirão / Série A
Estádio Palestra Itália
São Paulo

#02
31.01.2009
Corinthians × Oeste 4 × 1
Campeonato Paulista / Série A1
Estádio do Pacaembu
São Paulo

#03
26.02.2011
Juventus × Itapirense 0 × 0
Campeonato Paulista / Série A3
Estádio da Rua Javari
São Paulo

#04
13.03.2011
FC São Paulo × Santo André 3 × 0
Campeonato Paulista / Série A1
Estádio do Morumbi
São Paulo

#05
23.03.2011
Red Bull Brasil × Palmeiras B 1 × 0
Campeonato Paulista / Série A2
Estádio Majestoso
Campinas

#06
23.03.2011
Guarani × São José 1 × 0
Campeonato Paulista / Série A2
Estádio Brinco de Ouro da Princesa
Campinas

#07
24.03.2011
Ponte Preta × Ituano 1 × 2
Campeonato Paulista / Série A1
Estádio Majestoso
Campinas

#08
26.03.2011
Palmeiras × Bragantino 3 × 0
Campeonato Paulista / Série A1
Estádio do Canindé
São Paulo

#09
10.04.2011
Botafogo × Flamengo 0 × 2
Campeonato Carioca / Taça Rio
Engenhão
Rio de Janeiro

#10
20.04.2011
Avaí × Botafogo 1 × 1
Copa do Brasil / Achtelfinale
Estádio da Ressacada
Florianópolis

#11
08.02.2012
Juventus × XV de Piracicaba 2 × 0
Campeonato Paulista / Série A3
Estádio da Rua Javari
São Paulo

#12
12.02.2012
Corinthians × FC São Paulo 1 × 0
Campeonato Paulista / Série A1
Estádio do Pacaembu
São Paulo

#13
26.02.2012
AA Boa Esperança × FC Grêmio Botafogo 1 × 1
—
Campo do Boa Esperança
São Paulo

#14
29.02.2012
Juventus × Inter de Limeira 1 × 1
Campeonato Paulista / Série A3
Estádio da Rua Javari
São Paulo

#15
11.03.2012
Santa Cruz × Salgueiro 2 × 0
Campeonato Pernambucano
Estádio do Arruda
Recife

11　　　　　148

12　　　　　126

12　　　　　128

12　　　　　129

13　　　　　68

13　　　　　79

13　　　　　80

13　　　　　80

13　　　　　81

15　　　　　38

17　　　　　40

18　　　　　12

18　　　　　14

18　　　　　16

18　　　　　17

18　　　　　18

18　　　　　20

18　　　　　22

18　　　　　42

20　　　　　44

22　　　　　150

26　　　　　127

26　　　　　127

26　　　　　127

26　　　　　127

27　　　　　48

30　　　　　152

30　　　　　153

31　　　　　54

31　　　　　55

#16
17.03.2012
CRB × Sport Atalaia 2 × 2
Campeonato Alagoano
Estádio Trapichão / Rei Pelé
Maceió

#17
18.03.2012
Penedense × CEO 1 × 1
Campeonato Alagoano
Estádio Alfredo Leahy
Penedo

#18
21.03.2012
Socorrense × Itabaiana 1 × 4
Campeonato Sergipe / Finale
Estádio Wellingtion Elias
Nossa Senhoro do Socorro

#19
25.03.2012
Bahia × Itabuna 7 × 1
Campeonato Baiano
Estádio de Pituaçu
Salvador da Bahia

#20
07.04.2012
America × Imperial 4 × 1
Campeonato Carioca / Série B
Estádio Édson Passos
Rio de Janeiro

#21
11.04.2012
Fluminense × Boca Juniors 0 × 2
Copa Libertadores / Gruppe 4
Engenhão
Rio de Janeiro

#22
14.04.2012
Juventus × Grêmio Osasco 1 × 1
Campeonato Paulista / Série A3, F2
Estádio da Rua Javari
São Paulo

#23
15.04.2012
GR Inajar de Souza × FC Alegria 2 × 0
Copa Kaiser / Série A, Etappe 1
Campo do Flamengo da Vila Maria
São Paulo

#24
15.04.2012
AEC Guarani × FS Botafogo 1 × 1
Copa Kaiser / Série A, Etappe 1
Campo do SL Benfica do Brasil
São Paulo

#25
18.11.2012
GR Turma do Baffô × EC Ajax 1 × 2
Copa Kaiser / Série A, Finale
Estádio do Pacaembu
São Paulo

#26
24.11.2012
Corinthians × Santos 1 × 1
Brasileirão / Série A
Estádio do Pacaembu
São Paulo

#27
02.12.2012
FC São Paulo × Corinthians 3 × 1
Brasileirão / Série A
Estádio do Pacaembu
São Paulo

#28
12.01.2013
Juventus × São Caetano 0 × 1
—
Estádio da Rua Javari
São Paulo

#29
20.01.2013
Paulista × Corinthians 1 × 1
Campeonato Paulista / Série A1
Estádio Doutor Jayme Cintra
Jundiaí

#30
23.01.2013
Juventus × Noroeste 0 × 4
Campeonato Paulista / Série A2
Estádio da Rua Javari
São Paulo

#31
26.01.2013
Guarani × Ponte Preta 1 × 3
Campeonato Paulista / Série A1
Estádio Brinco de Ouro da Princesa
Campinas

#32
27.01.2013
Red Bull Brasil × Juventus 1 × 2
Campeonato Paulista / Série A2
Estádio Majestoso
Campinas

#33
30.01.2013
Audax Rio × Botafogo 0 × 4
Campeonato Carioca / Taça Guanabara
Moça Bonita
Rio de Janeiro

#34
28.08.2013
Flamengo × Cruzeiro 1 × 0
Copa do Brasil / Achteflinale
Estádio do Maracanã
Rio de Janeiro

#35
31.08.2013
AA Arsenal Usifal × Panair 1 × 0
Peladão / Eröffnung
Estádio do Sesi
Manaus

#36
31.08.2013
FC Puraquequara × União da Ilha 0 × 2
Peladão / Eröffnung
Estádio do Sesi
Manaus

 #32 56
 #34 60
 #35/36 4
 #35/36 62
 #35/36 85

 #35/36 86
 #35/36 87
 #35/36 88
 #37 154
 #38 118

 #38 134
 #39 132
 #40 104
 #40 115
 #40 124

 #40 130
 #40 136
 #40 138
 #41 24
 #41 156

 #43/44 66
 A 108
 B 36
 C 46
 D 50

 E 30
 E 52
 F 71
 G 58
 H 28

37
08.09.2013
Juventus × São Bernardo 1 × 0
Copa Paulista
Estádio da Rua Javari
São Paulo

38
08.09.2013
Corinthians × Náutico 0 × 0
Brasileirão / Série A
Estádio do Pacaembu
São Paulo

39
15.09.2013
Corinthians × Goiás 0 × 0
Brasileirão / Série A
Estádio do Pacaembu
São Paulo

40
22.09.2013
Corinthians × Cruzeiro 0 × 0
Brasileirão / Série A
Estádio do Pacaembu
São Paulo

41
13.10.2013
Juventus × Rio Preto 4 × 1
Copa Paulista / Phase 2
Estádio da Rua Javari
São Paulo

42
13.10.2013
FC São Paulo × Corinthians 0 × 0
Brasileirão / Série A
Estádio do Morumbi
São Paulo

43
20.10.2013
FC Santa Cruz × EC Classe A 4 × 3 (1 × 1)
Copa Kaiser / Série B, Finale
Estádio Nicolau Alayon
São Paulo

44
20.10.2013
AA Família 100 Valor × Leões da Geolândia 0 × 2
Copa Kaiser / Série A, Finale
Estádio Nicolau Alayon
São Paulo

—

A

19.01.2009
Choperia Pinguim
Ribeirão Preto

B

31.03.2012
Favela Tavares Bastos
Rio de Janeiro

C

25.04.2012
Ipanema
Rio de Janeiro

D

21.12.2012
Engenhoca
Itacaré

E

15.01.2013
Favela Rocinha
Rio de Janeiro

F

25.01.2013
Minhocão
São Paulo

G

01.02.2013
Ipanema
Rio de Janeiro

H

06.09.2013
Avenida Paulista
São Paulo

I

12.10.2013
Rio Pequeno
São Paulo

J

13.10.2013
Parque Pedro II.
São Paulo

K

21.10.2013
Penitenciaria Adriano Marrey
Guarulhos

Danke! Obrigado! Valeu!

Stefanie Barthold, Alexandre Britto, Kathrin »Elza« Dörfler, Bruno Franklin jr., Mario Frugiuele, Gerfried Gaulhofer, Christian Hoffelner, Cristiana Katagiri, Reinhard Krennhuber, Karina »Gasolina« Lackner, Luís Felipe Martinez, Alessandro Meiguins, Christof »Shampoozinho« Nardin, Max-Jacob Ost, Marcos Piovesan, Ines Rieder, Roman »Irmão« Rocker, Robert Rüf, Christoph Schmiedhofer, David Schreyer, Renate Stoica und Sebastian Wahlhütter für unbezahlbare Motivation, zahlreiche Korrekturgänge und Hilfe.

Julia Affonso, Polliana Araújo, Alexandre Battibugli, Holger Beier, Renata Botelho, Aruana Brianezi, Isaac Chueke, Reinaldo Coddou, Paulo Vinícius Coelho, Bárbara Cordovani, Mariana Cordovani, Felipe Crema, Crystian Cruz, Martin Curi, Karin Dobbler, Marc Dourdin, Andrew Downie, Christian Dürnberger, Nahema Falleiros, Luis César Saraiva Feijó, Martin Fetz, Robert Florencio, Fabiana Gemmal, Freddy Gomes, Christopher Houben, Igor, João, Henrik »Brandão« Jönsson, Daniel Kfouri, Toshiya Kurihara, Daniela Larcher, Antonio Leal, Daniel Leite, Lieli Loures, Ciro Lubliner, Marta Machado, Marcio Malard, Jan Michael Marchart, Giovane Martineli, Lucas Mauricio, Roland Meise, Marcelo Mendes, Alex Minduín, Rainer Mostbauer, Monika Obermeier, Jens Peters, Robert Pinzolits, Roberto, Johannes Rausch, Kenneth Rawlinson, Arnaldo Ribeiro, Martin Ross, Xico Sá, Lilian Sampaio, Luiza Sampaio, Cristiane Sato, David Schmidt Cardoso, Natália Sellani, Sócrates, Eduardo Tironi, Gabriel Uchida, Rino Utagawa, Caio Vilela, Helena Wimmer, Sofia Zabranovic, Horst Zangl, Zezinho und Zé für Unterstützung in sehr vielen Fragen.